AF293097

Zur Illustration des Covers:

Lamins Unterarme und Hände bilden die Skulptur, die Ingrid Meiler geformt und in den Farben Gambias bemalt hat.

Flucht aus Gambia

Über vier Jahre auf der Flucht nach
Deutschland

Lamin erzählt von seiner
Flucht aus Gambia.

Ingrid Meiler schreibt all seine
Erlebnisse auf.

Bibliografische Information der Deutschen Nationalbibliothek: Die Deutsche Nationalbibliothek ver-
zeichnet diese Publikation in der Deutschen Natio-
nalbibliografie; detaillierte bibliografische Daten sind
im Internet unter „http://dnb.dnb.de" abrufbar.

©2017 Ingrid Meiler und Lamin
Illustration: Ingrid Meiler und Lamin
Herstellung und Verlag:
BoD - Books on Demand, Norderstedt
ISBN: 978-3-7431-7374-3

Gewidmet all den Flüchtlingen, die derzeit überall auf der Welt ein neues, würdevolles Zuhause suchen. Mögen diese, wie alle Menschen, in Freiheit und Frieden leben können.

Inhalt

<u>Vorwort</u>

Im wahrsten Sinn des Wortes strandete Lamin im November des Jahres 2014 in Giengen, einer ehemals mittelalterlichen Stadt mit ca. 20.000 Einwohnern am Rande der Schwäbischen Alb.

4,5 Jahre war er unterwegs, seit er im August des Jahres 2009 sein geliebtes Heimatland Gambia verließ. Mehrfach konnte Lamin auf seinem Weg nur knapp dem Tod entrinnen. Hunger, Einsamkeit, Hitze und Kälte waren seine ständigen Begleiter.

Seine derzeitigen Begleiter sind seine acht Mitbewohner. Zu neunt führen diese gambischen Flüchtlinge eine recht gut organisierte und immer besser funktionierende Männer-Wohngemeinschaft in einer 4-Zimmerwohnung, einer „Gemeinschaftsunterkunft", wie es offiziell heißt. Alle sind dem Landratsamt Heidenheim als der Unteren Aufnahmebehörde unterstellt. Da Giengen den Status „Große Kreisstadt" hat, ist die Ausländerbehörde im Giengener Rathaus untergebracht, was für Lamin und andere Flüchtlinge eine große Erleichterung darstellt. Somit entfallen viele Wege zum Landratsamt Heidenheim, es erspart ihnen hohe Fahrtkosten.

Als Patin ist es mir nun ein sehr großes Anliegen, Lamins Lebensgeschichte zu veröffentlichen: Unzählige erschreckende Bilder in den Medien von Bootsflüchtlingen, die aus Seenot im Mittelmeer gerettet wurden, bekommen nun ein Gesicht - Lamins Gesicht.

Ingrid Meiler

Als Alles begann

Dunkel war es, der Himmel wolkenverhangen. Es war Regenzeit im August des Jahres 2009. Beinahe lautlos glitt das schlanke Holzboot auf dem kleinen Grenzfluss zwischen Gambia und Senegal dahin, gesteuert von einem Bekannten. Dieser lebt nahe der Grenze. Die Nacht hatte all die Laute geschluckt, die die Menschen, Autos und Mopeds tagtäglich in die Luft schleudern. Lediglich das Paddel erzeugte ein leises Plätschern, als es ins Wasser eintauchte. Gleichmäßig schob sich das kleine, wendige Boot vorwärts, umgeben von nächtlichen Schatten.

Mein Bekannter steuerte eine ganz bestimmte Stelle am Ufer an, die von keinem Grenzbeamten bewacht wurde. Er deutete mir die Richtung, in die ich gehen musste. Ein letzter Körperkontakt beim Verabschieden, dann der Sprung aus dem Boot an Land. Nun war ich in Senegal, hatte meine geliebte Heimat verlassen. Was hatte ich jetzt gerade getan? Warum? Ich fühlte mich fürchterlich:
Einsam, allein, allen Gefahren dieser Welt ausgesetzt. In meinem Kopf ratterte es. Wie hatte ich nur diesen fatalen Entschluss fassen können?

Geboren wurde ich im selben Monat, in dem ich nun meinem Heimatland den Rücken kehrte, im August des Jahres 1990 in Serekunda. Es ist die größte Stadt Gambias mit ca. 360.000 Einwohnern. Mein Heimatland hingegen ist das kleinste westafrikanische Land. Seine nur 1,7 Millionen Einwohner verteilen sich auf gerade einmal etwa 11.000 qkm Fläche. Gambia besteht aus einem schmalen Landstreifen nördlich des Flusses Gambia und einem südlich davon. Die westliche Grenze bildet der Atlantik mit seinen wunderschönen Stränden, ansonsten ist Gambia ganz von Senegal umgeben.

An meine leibliche Mutter kann ich mich gar nicht erinnern, denn ich wurde als Baby adoptiert und wuchs in Kerewan auf, einer Kleinstadt mit etwa 3.500 Einwohnern am nördlichen Ufer des Gambiaflusses, etwa 50 km östlich von Serekunda. Den Tag über spielte ich draußen mit anderen Kindern, bekam genug zu essen und hatte ein für mich sorgenfreies Leben. Immer waren Menschen um mich herum, wie es bei uns in der Großfamilie üblich ist. Meine Adoptivmutter war damals so ca. 50 - 60 Jahre alt.

Als ich wieder einmal draußen spielte, kam eine ältere Verwandte, 65 - 70jährig, auf mich zu und brachte mich nach Hause. Ich hatte sie ihrem Alter entsprechend immer mit „Oma" angesprochen. Vielleicht war es aber auch wegen ihrer strengen Güte. Ich war damals etwa 5 Jahre alt, und sie sagte mir im Beisein meiner Adoptivmutter, dass ich nun in die Schule gehen müsste. Schule, das war ein Privileg für die Großen und weit weg von meinem Alltag. Manchmal half ich meiner Adoptivmutter im Haushalt. Doch nun durfte ich in die Schule! Ich war überglücklich. Zunächst trug ich noch meine eigene Kleidung. Erst im zweiten Schuljahr wurde mir eine Schuluniform geschneidert. So saß ich zusammen mit 32 - 45 Schülern in einer Klasse und besuchte die Grundschule sechs Jahre lang, wie es in Gambia üblich ist. Am Ende des jeweiligen Schuljahres musste ich eine Prüfung ablegen, um in die nächste Klasse versetzt zu werden. Als Schulgeld mussten in dieser staatlichen Schule 15 Dalasi, das sind etwa 30 Cent, pro Schuljahr bezahlt werden. Aufgewachsen bin ich mit der Prügelstrafe, die in meinem Schulalltag immer wieder eingesetzt wurde. Für die Züchtigung musste ein Gürtel oder ein Stock herhalten. Stöcke, Schlagstöcke, sollten in meinem weiteren Leben noch öfters eine wichtige Rolle spielen.

Nach der 6jährigen Grundschule schloss sich die Junior-Schule an, die ich drei Jahre lang besuchte. Noch während meiner Grundschulzeit ergab es sich, dass ich mit zwei meiner Cousins in einem Zimmer zusammenwohnte. Hin und wieder, wenn ich das Mittagessen nicht in der Schule einnahm, weil beispielsweise Ferien waren, versorgten wir uns weitgehend selbst. Ich war damals etwa 9 Jahre alt, die beiden anderen Jungen 14 und 16. Geld für Lebensmittel bekam ich von meiner Adoptivmutter, den Strom für Licht lieferte uns eine Autobatterie, die wir mit einer Glühbirne verbanden. Mit uns lebten drei Familien in dem Haus. Gemeinsam benutzten wir die Toiletten und die Dusche, die in einem Extragebäude untergebracht waren. Gekocht wurde im Freien auf offenem Feuer: Morgens gab es Tee oder Kaffee mit Maisbrot, auf das ich Margarine strich, belegt mit Zwiebeln. Zwischendurch aß ich auch Bohnen zum Frühstück. Um die Mittagszeit kochten wir Reis mit Fisch, abends aßen wir meistens Brot mit Majonäse, Zwiebeln und Salat.

In der Nachbarschaft arbeitete ein Schreiner, den ich oft besuchte. Die ersten theoretischen Kenntnisse zur Holzverarbeitung hatte ich schon in der Junior-Schule in einer besonderen Klasse gelernt. Nun ging ich ihm gern zur Hand. Es entwickelte sich eine Freundschaft, die mein weiteres Leben entscheidend prägen sollte. Ich lernte richtig sägen, natürlich alles per Hand. Erst nach und nach schaffte sich dieser Schreiner Maschinen an wie beispielsweise eine Tischkreissäge oder eine Schleifmaschine. Bis zu meiner Flucht arbeitete ich bei ihm in seiner kleinen Schreinerei, ganze sechs Jahre lang.

Hin und wieder besuchte ich auch meine Oma mütterlicherseits nach einem etwa zwei Kilometer langen Fußmarsch. Ich war bei meinen Besuchen immer sehr interessiert, was sie so alles mit ihrer Nähmaschine anstellte. Stundenlang konnte ich ihr dabei zuschauen, wie sie mit ihren Füßen das Schwungrad antrieb und geschickt Stoffbahnen unter der Nadel bewegte. So lernte ich von ihr das Nähen mit der Nähmaschine. Aber auch das Zuschneiden der einzelnen Stoffteile merkte ich mir gut, alles ohne Schnittmuster. Mit 17 Jahren nähte ich bereits Krawatten für die Schuluniformen, Taschen und Baumwollhosen und konnte neben der Arbeit bei meinem befreundeten Schreiner nun auch durch das Nähen meinen Lebensunterhalt selbst finanzieren.

Und dann kam der Tag, an dem mein bisher so ruhiges Leben in Gambia eine schicksalhafte Wende nehmen sollte: Ich sah einen Polizisten und vier Soldaten in das Haus meiner Adoptivmutter gehen. Inzwischen nahm sie ihren Stock, wenn sie das Haus verließ, denn sie war leicht gehbehindert geworden. Bei ihrer Verhaftung wurde meine Adoptivmutter mit einem Stock geschlagen. Warum? Sie konnte doch den Soldaten nicht weglaufen! Und was sollte diese ältere Frau angestellt haben? Ich fragte den Polizisten, warum er auf sie einschlägt. Daraufhin spürte auch ich den Schlagstock und wurde verhaftet. Eine ganze Woche wurde ich festgehalten, ohne verhört zu werden. Da ich am ganzen Körper Schmerzen verspürte, wurde ich schließlich in ein Krankenhaus in Banjul verlegt. Während dieser zwei Wochen in der Klinik bekam ich nur von meinem befreundeten Schreiner Besuch. Er wusste um meine gefährdete Situation und legte mir nahe, zu meinem eigenen Schutz das Land zu verlassen.

Meine Pflegemutter sollte ich nie wiedersehen. Es lag an mir und der politischen Lage. Natürlich wollte ich Genaueres wissen, warum wir verhaftet worden waren, doch ich konnte nichts in Erfahrung bringen. Es wurde erzählt, dass sie irgendwie am Tod des jüngeren Bruders von Gambias Präsidenten mitschuldig sein sollte. Es herrschte eine angespannte Atmosphäre im ganzen Land. Jeder konnte willkürlich verhaftet und gefangen genommen werden. Ich begann mich nun erstmals mit der Politik in meiner Heimat zu beschäftigen: Präsident Yahya Jammeh regiert als Diktator, heilt AIDS-Kranke mit Handauflegen, will König auf Lebenszeit sein. Er putschte sich im Jahr 1994 an die Macht, ließ sich zu Ehren einen gewaltigen Triumphbogen in der Hauptstadt Banjul errichten, lässt Homosexuelle ins Gefängnis werfen, lässt Todesurteile vollstrecken, nimmt Verwandte in Sippenhaft. Kurz: Er verbreitet Angst und Schrecken! Nachdem am 30.12.2014 ein Putschversuch in Banjul scheiterte, wurde es ganz besonders schlimm. Er konnte nicht entmachtet werden. Um so mehr bin ich glücklich, jetzt im sicheren, friedlichen Deutschland leben zu dürfen.

Als ich so in meinem Bett lag - alles tat mir weh - dachte ich über meine Zukunft nach. War diese noch in Gambia? Musste ich mein Leben retten und das Land, meine Heimat verlassen? Und wenn ja, dann wie? Ich lag im Krankenhaus, hatte kein Geld. Mit fünf weiteren Patienten teilte ich mir ein 6-Bett-Zimmer im Erdgeschoss. Vor der Tür stand ein Polizist, der sich Tag und Nacht mit einem Kollegen bei meiner Bewachung abwechselte. Mein befreundeter Schreiner machte etwas außerordentlich Gutes: Er steckte mir bei seinem Besuch 5.000 Dalasi zu, sind etwas 110 €. Mein Bettnachbar war mir behilflich und legte das Geld unter sein Kopfkissen. So würde es bei einer etwaigen Inspektion meines Bettes nicht gefunden werden.

In der Nacht gegen 3.00 Uhr, als alle dachten, ich würde schlafen, da hörte ich, dass der wachhabende Polizist zur Toilette gegangen war. Das musste meine Chance sein! Vorsichtig zog ich meinem Bettnachbarn mein Geld unter seinem Kopfkissen hervor, machte ganz leise das Fenster auf und sprang hinaus in die dunkle Nacht. Ich schlich mich zum Fluss Gambia, der hier in den Atlantik mündet. In diesen dreißig Minuten ging mir vieles durch den Kopf. Mitten in der Nacht musste ich an das nördliche Ufer und dann nach Senegal gelangen. Doch öffentliche Fähren fuhren natürlich um diese Zeit nicht. Noch dämmerte es nicht, und ich hatte großes Glück, als ich am Fluss auf einen jungen Mann stieß, vielleicht 27 Jahre alt. Ohne groß zu verhandeln bezahlte ich ihm 50 Dalasi, das entspricht gerade einmal einem Euro. Dann fuhr dieser, ohne weitere Fragen zu stellen, mit seinem schnellen Motorboot nach Norden, nach Barra. Die Mündung des Flusses Gambia in den Atlantik ist hier ca. 5 km breit. Und so trugen mich die Wellen, begleitet von dem monotonen, gleichmäßigen Gebrumm des Außenbordmotors, an das nördliche Ufer. Noch im Schutz der Nacht setzte ich meine Flucht fort. Ich lief die Hauptstraße entlang, die zur Grenze nach Senegal führte, immer weiter nach Norden. Fünf bis sechs Stunden musste ich so unterwegs gewesen sein, bis ich gegen Mittag ganz erschöpft in dem Grenzstädtchen Tuba Baria, an einem kleinen Fluss gelegen, bei einem Bekannten ankam. Dieser gab mir zunächst etwas zu essen. Und nachdem der Plan für die nächtliche Bootsfahrt besprochen war, schlief ich sofort erschöpft ein.

Traumlos und tief war mein Schlaf. Was sollte ich auch träumen? Von einem anderen, weil menschlicheren Präsidenten? Von einer Arbeit und dem Leben in Senegal? Die Wirklichkeit holte mich wieder ein, als mich mein Bekannter weckte. Es war Mitternacht, und wir stiegen in sein kleines Holzboot, das mich auf dem kleinen Grenzfluss nun in Sicherheit bringen sollte. Nachdem das Boot das Ufer erreicht hatte, betrat ich unsicher, aber mit festem Willen erstmals mein Nachbarland Senegal und ging in die von meinem Bekannten gezeigte Richtung weiter. Tatsächlich gelangte ich nach ca. 3 km zu einer Straße und somit ins nächste Dorf. Inzwischen war es Tag geworden, und das Dorfleben erwachte. Ich fragte mich durch, wo ich einen Fahrer finden könnte, der mich nach Dakar, der Hauptstadt Senegals, mitnehmen würde. Doch plötzlich schoss es mir durch den Kopf, dass ich ja vorher noch Geld umtauschen musste! Ich hatte Glück, denn ich fand einen Fahrer, der mir selber das Geld wechselte.

Nun hatte ich CFA-Franc, Geld, das ich noch nie zuvor gesehen hatte. Dieser Fahrer fuhr oft nach Gambia und hatte deshalb immer Geld in beiden Währungen bei sich.

Wir handelten einen guten Preis aus, und ich verspürte ein Gefühl der Erleichterung, aber auch Furcht vor dem Neuen. Neugierig betrachtete ich alles, was an mir vorbei flog. Als wir in Dakar, Senegals Hauptstadt, angekommen waren, setzte mich mein „Chauffeur" am Busbahnhof ab.

Neuanfang in Senegal?

Wiederum war ich auf mich allein gestellt und wusste nicht mehr weiter. So stand ich mutterseelenallein auf dem immer leerer werdenden Busbahnhof und suchte mir einen Platz zum Schlafen, natürlich im Freien. Ein Sicherheitsangestellter, der den Busbahnhof beaufsichtigte, hatte mich beobachtet und zeigte mir ein altes, baufälliges Haus. Dieses sollte mir für die nächsten Tage Schutz gewähren. Der Boden war zwar hart, aber doch trocken. Etwaiges Gepäck, das ich als Kopfkissen hätte benutzen können, hatte ich ja keines, sondern nur die Kleidung, die ich auf dem Leib trug: Zwei Shirts und zwei Hosen. In diesen Tagen ernährte ich mich fast nur von Brot, das ich mir kaufte. Morgens eine Hälfte, die andere aß ich abends. Ab und zu gönnte ich mir eine Tasse Kaffee und trank natürlich Wasser. Das brauchte ich zum Überleben!

Tagsüber beobachtete ich die Menschen, wie sie aus den Bussen stiegen, musterte diese ganz genau, sprach auch den einen oder anderen an. Meistens jedoch gingen die Leute hastig weiter, weil sie keine Zeit für ein Gespräch mit mir hatten. Am Ende dieser Woche gelang es mir dann doch noch, einen Kleiderhändler anzusprechen, den seine Geschäfte von Mali bis Burkina Faso führten. Ich fragte ihn nach Arbeit, gleich welcher Art. Dieser Geschäftsmann gab mir den Rat, nach Burkina Faso zu fahren, da ich dort besser Arbeit finden würde als hier in Senegal. Lange musste ich nicht überlegen, sondern ging gleich auf seinen Vorschlag ein. Nun ging es ganz schnell: Er kaufte mir eine Fahrkarte, weil ich nicht französisch sprechen konnte. Ich bedankte mich bei ihm und blickte erwartungsfroh in die Zukunft. Wieder hatte ich ein Ziel, ein Reiseziel in ein weiteres mir völlig unbekanntes Land. Fünf lange Tage sollte die Fahrt mit dem Fernbus nach Ouagadougou in die Hauptstadt von Burkina Faso dauern.

Zunächst fuhr ich etwa zwölf Stunden bis ins angrenzende Mali, in die Hauptstadt Bamako. Am dortigen Busbahnhof musste ich umsteigen und hatte einen ganzen Tag Aufenthalt. Mit einem Überlandbus, der eine Klimaanlage hatte, ging meine Reise weiter. Zum Glück hatte dieser Geschäftsmann für diese Annehmlichkeit gesorgt, als er mir die Fahrkarte gekauft hatte. So war diese lange Fahrt trotz der hohen Temperaturen erträglich. Doch der Hunger plagte mich sehr und war mein ständiger Begleiter. Eine Wasserflasche hatte ich immer bei mir. Und wenn der Bus alle 3 - 4 Stunden anhielt, so kaufte ich mir hin und wieder etwas Obst oder Brot, das in Afrika als Grundnahrungsmittel recht billig ist.

Noch auf dem Gebiet Malis passierte etwas Unglaubliches: Als der Bus wieder einmal in einem kleinen Dorf anhielt, damit sich die Passagiere Reiseproviant kaufen konnten, sah ich einen ganz seltsam gekleideten Mann vorn durch die offen stehende Bustür einsteigen. Noch nie hatte ich einen Menschen mit solch einem Turban gesehen, sonderbar das blaue Tuch um Kopf und Hals geschlungen. Entsprechend neugierig musterte ich ihn von meinem Sitzplatz aus. Doch dann schweifte mein Blick weiter nach unten, und ich erschrak fürchterlich! Dieser Mann in seinem langen Kaftan war bewaffnet und hielt eine „AK-47" in seinen Händen, eine Kalaschnikow Modell 1947. Weltweit wird dieses automatische Sturmgewehr von mehr als 60 Armeen der Welt genutzt. In Gambia hatte ich solch eines schon einmal gesehen, in den

Händen eines Soldaten, mit dem ich befreundet war. Leider ist es auch das Lieblingsgewehr von Rebellen und Terrortrupps, wie mir schnell klar wurde. Ein bewaffneter Tuareg stand also ganz ruhig vorn im Gang des Busses, sprach kein Wort und hielt sein Gewehr die ganze Zeit nach unten auf den Boden gerichtet. Was hatte dieser Mann in meinem Bus zu suchen? Der Busfahrer reagierte recht besonnen, schloss die Türen und fuhr langsam an. Dabei telefonierte er heimlich. Nach einigen 100 m hielt er an, die vordere Tür öffnete sich. Er ließ einen Soldaten einsteigen, der sich vorn mitten im Gang breitbeinig hinstellte, sein Gewehr in beiden Händen. Alles ging so schnell, dass ich gar nicht mitbekommen hatte, dass der Tuareg inzwischen ganz ruhig zur hinteren Bustür gegangen war. Mit diesen beiden ungebetenen „Gästen" fuhr der Reisebus noch etwa 10 km weiter bis zum nächsten Dorf. Dort hielt der Bus an, beide Türen öffneten sich, und die zwei bewaffneten Männer stiegen aus: Der Soldat vorn, der Tuareg hinten. Beinahe synchron war deren Verlassen. Durch das Fenster konnte ich noch sehen, wie der Soldat dem Tuareg folgte. Dann hatten sich beide Türen auch schon wieder geschlossen, und wir fuhren schnell weiter. So schnell wie er gekommen war, so schnell war er wieder weg, der bewaffnete Tuareg. Später sollte ich in Tripolis noch oft auf Märkten Tuareg begegnen. Dabei achtete ich stets respektvoll darauf, ihnen nicht zu nahe zu kommen.

Mein Leben in Burkina Faso

Ouagadougou, die Hauptstadt Burkina Fasos, erreichte ich nachts. Für die letzten nächtlichen Stunden suchte ich mir am Busbahnhof einen ruhigen Platz. Der Hunger, der mich immer begleitete, ließ mich kaum schlafen. So döste ich dem anderen Tag entgegen, auf eine gute Wende in meinem noch so jungen Leben hoffend.

Und am anderen Morgen, als sich der Busbahnhof wieder mit Leben gefüllt hatte, fing ich wiederum an, die Menschen genauer zu betrachten, sie zu mustern. Wer könnte mir weiterhelfen? Wer könnte mir wohl Arbeit geben? Es waren immer wieder die elementarsten Fragen zum Überleben, die in meinem Kopf kreisten. Als ich eben noch an meine ungewisse Zukunft dachte, sah ich einen Herrn und sprach ihn in meiner Verzweiflung an. Er wies mich nicht ab, sondern hörte mir zu und bat mir tatsächlich Arbeit an.

So fuhr ich mit ihm zu seiner Yams-Farm, die etwas außerhalb von Ouagadougou gelegen war. Diese Wurzelknolle, der Kartoffel, vor allem der Süßkartoffel ähnlich, ist äußerst nahrhaft und sättigend. Auf diesen Feldern sollte ich nun Unkraut jäten, von 8.00 -12.00 Uhr und von 16.00 - 18.00 Uhr, sechs Tage die Woche. Nur sonntags hatte ich frei. Das von einem geflochtenen Zaun umgebene Yams-Feld war circa 100 m x 100 m groß. In Abständen waren Stöcke in den Boden geschlagen und weiche, biegsame Äste dreilagig eingeflochten worden. Es gehörte auch zu meinen Aufgaben, diesen langen Zaun auszubessern. Mitten im Grundstück stand das Wohnhaus des Besitzers und ein weiteres kleines Häuschen, das mein neues Zuhause wurde, gerade einmal 3 m x 3 m groß. Immerhin konnte ich endlich wieder in einem Bett schlafen und schlief tatsächlich fest und tief, erschöpft von der harten, körperlichen Arbeit. Zweimal am Tag bekam ich Essen, das die Frau meines Arbeitgebers zubereitet hatte. Meinen Durst hingegen musste ich mit Wasser stillen, das ich aus dem Brunnen holte. Es war kein Trinkwasser, wie sich bald heraus stellte. Ich bekam Bauchschmerzen und Durchfall, aber was sollte ich tun? Mir blieb nichts anderes übrig, als weiter dieses Brunnenwasser zu trinken. Ganz selten wurde mir erlaubt, das Wasser zu trinken, das auch die Herrschaften im Wohnhaus tranken. Es war eine harte Zeit, bald schmerzte mir der Rücken. Ich hatte jetzt zwar zu essen und eine bescheidene Unterkunft, aber Geld verdienen konnte ich nicht. Ich bekam für meine Arbeit lediglich ein Taschengeld von etwa 3 € in der Woche.

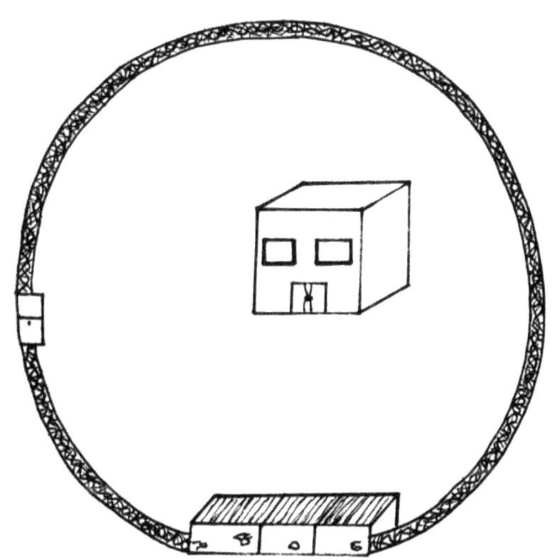

Durch die Sahara

Nach zwei Monaten fasste ich den Entschluss, mich bei meinem ehemaligen Arbeitgeber, dem Schreiner, in Gambia zu melden. Ich konnte diese schwere Arbeit nicht länger ertragen. Dazu musste ich in die Stadt und suchte einen Telefonladen auf. Die Verbindung kam schnell zustande, und in mir stieg ein Gefühl der Freude auf. Endlich wieder eine vertraute Stimme in der Fremde! Mein Gesprächspartner war auch sehr glücklich. Ich war am Leben! Doch schnell kam ich zur Sache und berichtete ihm, dass ich zwar in Burkina Faso bin, aber unter diesen Umständen hier nicht weiter arbeiten könne. Ich schilderte ihm meinen Zustand, und er machte sich große Sorgen um mich. Am Ende nun hatte er wieder einen Vorschlag für mich, der mich weiterbringen sollte, weiter in Richtung Europa, obwohl dies zu diesem Zeitpunkt noch gar nicht absehbar war: Ein Bekannter von ihm würde demnächst von Gambia nach Libyen reisen, weil dieser dort arbeiten wolle. Vielleicht könnte mir dieser Mann weiterhelfen.

Und so kam es auch. Doch zunächst musste ich warten, bis mein neuer Reisebegleiter in Ouagadougou eingetroffen war. Dann ging wieder alles ganz schnell. Mit dem Taxi ließ ich mich für umgerechnet 1 € zum Busbahnhof bringen. Noch während der Fahrt dorthin überlegte ich, ob mir mein Geld für die Weiterreise überhaupt reichen würde. Ich hatte nur wenig verdient. Doch zum Glück sind die Busfahrkarten in Afrika sehr billig. Ich konnte mir gerade noch eine Fahrkarte nach Agadez kaufen, in den Norden des Niger. Schließlich fuhren wir zusammen los. Etwa 36 Stunden dauerte die Fahrt zunächst in die Landeshauptstadt Niamey. Wiederum machte der Fernbus alle 3 - 4 Stunden Halt. Von Weitem schon hatte ich das hohe Minarett der Moschee entdeckt. Das erste Mal konnte ich in diesem Land Stromleitungen sehen, doch die Armut war überall zum Greifen nahe. Ich konnte beobachten, wie ein Bankkunde beim Verlassen der Bank von einem bewaffneten Mann bedroht wurde. Und ganz schnell hatte das Geld seinen Besitzer gewechselt. Also musste ich in diesem armen Land auf der Hut sein!

Am Busbahnhof mussten wir umsteigen. Es ging weiter durch die Sandwüste nach Akadez. In diesem unwegsamen, dünn besiedelten Gebiet durften wir die Straße, eine Piste mit vielen Schlaglöchern, auf keinen Fall verlassen. Denn aus der Zeit der Kämpfe zwischen Militär und Rebellengruppen lagen noch immer zahlreiche Minen im Sand vergraben.

Von weitem schon sah ich die dunkelbraunen, beinahe schwarzen Berge, die wie ein dunkler Schatten der Stadt Schutz und Kühle bescherten. Fünf Tage konnte ich mich von der unbeschreiblich großen Armut der Bevölkerung überzeugen und war doch auch mittendrin und ein Teil von ihr: Es gab nirgendwo Toiletten, es war heiß, es stank. Ich war schockiert von den Lebensumständen der Bewohner. Die Armut ließ die Menschen sogar Insekten essen, was mich sehr ab stieß. Rotbraun wie die ganze Umgebung, so sahen auch die aus rotem Lehm und Sand hochgezogenen Häuser aus.

Meine Weiterreise war nun soweit gesichert, dass ich bis Tripolis weiterfahren konnte, zusammen mit meinem Reisebegleiter, der mir ein verlässlicher Freund geworden war. Er wollte mir die weiteren Reisekosten vorstrecken. Ich sollte ihm die Schulden dann zurückbezahlen, sobald ich in Tripolis Arbeit gefunden hätte. Vielleicht hätte sein Arbeitgeber auch für mich Arbeit, und wir könnten zusammenbleiben. Das machte mir Hoffnung.

Nach fünf Tagen konnten wir nun unsere Reise fortsetzen, doch in einem ganz anderen Fahrzeug: In einem speziell präparierten Pick-up. An den Innenseiten der Wände, die die Ladefläche umgaben, waren Holzpflöcke angebracht. Ganze 33 Männer mussten auf der kleinen Ladefläche Platz finden. Ich saß mit dem Rücken zum Führerhaus, meine Beine gespreizt, damit sich vor mir ein weiterer Mitreisender hinsetzen konnte. Der siebte und damit letzte in der Reihe musste sich an eben diesem Pflock festhalten. Dessen Beine baumelten dann außen herunter. Ich saß in der mittleren Reihe. Rechts und links von mir saßen jeweils noch einmal Männer in einer Reihe, alle eingerahmt von denen, die sich an den Rändern an den Pflöcken festhielten. Weitere acht Personen saßen zusammengedrängt auf der Rücksitzbank und ganz vorn die zwei Fahrer. Beide waren mit einem Gewehr und Messern bewaffnet, wie ich später entdeckte. Ich war mir zunächst gar nicht bewusst, was und wie mir geschah. Lediglich die Nähe meines Bekannten gab mir etwas Zuversicht. Es sollte eine gefährliche Fahrt werden - nach Tripolis in Libyen.

Wir hatten einen 20 l - Kanister mit Wasser, Yams-Pulver und 1 kg Zucker als Reiseproviant dabei. Das musste für die Reise reichen, die sechs lange Tage dauern sollte und durch die unwirtliche, lebensfeindliche Sahara führte, die größte Trockenwüste der Erde. Es gibt abenteuerliche Touristen aus Europa, die die Sahara von Norden nach Süden durchqueren, ich durchquerte diese entgegengesetzt. Es war zwar Winter, aber wir wussten, dass es tagsüber sehr heiß werden würde. Während der Fahrt wurde ich gleich von zweierlei Windarten gepeinigt: Der Fahrtwind und die Wüstenstürme. Ich besaß ja nur zwei Shirts. Das langärmlige trug ich, das kurzärmlige hatte ich mir so um mein Gesicht geschlungen, dass gerade noch die Nase zum Atmen frei war. Trotzdem setzte sich der Sand, der aufgepeitscht wurde, überall fest: In den Augen, im Mund, einfach überall!

Zunächst gab es Sanddünen über Sanddünen, immer nur Sand, soweit meine Augen durch den kleinen Schlitz sehen konnten. Die meiste Zeit hatte ich meine Augen auch wegen der starken Sonnenstrahlen geschlossen. Allmählich ging die Sahara aber in eine Stein- und Felswüste über. Dieser Pick-up, total überladen mit Flüchtlingen, raste über die Piste, geleitet lediglich von den Gestirnen und vom Wind, immerzu nach Norden. Keiner der Fahrer hatte einen Kompass oder gar ein GPS-Gerät dabei. Um Kilometer zu machen, wechselten sich die Fahrer ab. Nur alle 7 - 8 Stunden wurde eine kurze Pause eingelegt, um die Notdurft zu verrichten und etwas zu essen von dem wenigen Proviant, den wir dabei hatten. Das Yamsmehl rührte ich mit etwas Wasser an, streute ein bisschen Zucker darüber und hatte damit eine sehr sättigende Mahlzeit. Meistens blieb auch noch ein wenig Zeit, mich hinzulegen, meine Glieder im Wüstensand auszustrecken. Das tat sehr gut, denn während der Fahrt saßen alle so dicht gedrängt, dass wir uns ständig gegenseitig anstießen, verursacht durch das schnelle Fahren über Steine und durch Schlaglöcher. Mit der Zeit herrschte dadurch eine ganz schlechte Stimmung unter uns Flüchtlingen auf dem Pick-up. Einer stieß einen anderen unbeabsichtigt an, dieser wiederum boxte mit dem Ellbogen zurück. Nachdem ich durch die rasante Fahrweise immer wieder Schläge gegen das harte Führerhaus hinnehmen musste und mir mein Rücken anfing zu schmerzen, tauschte ich bei einer Pause den Platz. Von nun an war ich der letzte in meiner Reihe, hielt mich fest an meinem Pflock und hatte freie Sicht in die aufgewirbelten Sandfontänen, die hinter dem Fahrzeug hoch stiegen.

Nach zwei Tagen, gegen Abend, passierte folgender Vorfall: Als der Fahrer mit voller Geschwindigkeit über die Piste bretterte und dabei ein Schlagloch übersah, wurden wir alle von unseren Plätzen hochgeschleudert. Ein Mitfahrer, der sich an einem Pflock, der innen befestigt war, festgehalten hatte, ereilte leider ein folgenschweres Missgeschick. Er hatte wie ich seine Beine hinten zum Auto runter hängen lassen. Als dieser Flüchtling nach dem Hochschleudern wieder auf seinem Platz aufkommen wollte, war sein Haltepflock abgebrochen, er verlor sein Gleichgewicht und fiel bei voller Fahrt vom Auto. Wir waren alle erschrocken. Diejenigen, die am Führerhaus saßen, trommelten mit voller Kraft dagegen, um die Fahrer auf diesen Unfall aufmerksam zu machen. Ganze zwei Kilometer ließen sich diese von unserem Geschrei und Klopfen aber überhaupt nicht beirren und fuhren mit unveränderter Geschwindigkeit weiter. Erst dann hielten sie an, machten aber keinerlei Anstalten zurückzufahren.

Ich hatte meinen rechten Sitznachbarn verloren und ging mit drei weiteren Flüchtlingen zurück, um nach dem Verunglückten zu sehen. Während dieser Zeit hatte ich keinerlei Angst, dass sich die Fahrer mit dem Auto auf und davon machen könnten. Zu wütend waren all die Mitfahrer und natürlich in der Mehrzahl. Auch Messer und Schusswaffen hielten mich nicht davon ab, meinem

Mitreisenden zu helfen. Der Verunglückte, der etwas älter war als ich, blutete aus der Nase, sein Mund war blutverschmiert. Wir wischten notdürftig sein Gesicht mit seinem T-Shirt ab, bewegten vorsichtig seine Arme und Beine. Wir wollen überprüfen, ob er sich etwas gebrochen haben könnte. Es hatte den Anschein, dass dies nicht der Fall war. Behutsam gingen wir mit ihm zum Fahrzeug zurück. Auf Berührungen reagierte der Verunglückte mit Schmerzen. So wusste niemand, ob er vielleicht innere Verletzungen davon getragen hatte. Um ihm zu helfen, bekam der Verletzte einen Platz mitten in der Ladefläche. Zusätzlich schirmten wir ihn so mit unseren Armen ab, dass er durch die Erschütterungen keine weiteren Schläge oder Berührungen und damit Schmerzen ertragen musste. Der Unglückliche hatte nun einen vermeintlich sichereren Platz. Ich selbst hatte jetzt so große Angst, dass auch mir so etwas zustoßen könnte, dass ich nun den Platz tauschte. So setzte ich mich vor den Verletzten, und schon ging die rasante Fahrt weiter, bis es dunkel wurde und nichts mehr zu sehen war.

Nur während dieser Nachtstunden und bei Sandstürmen machten die Fahrer eine Pause. Kam ein solcher Sturm auf, wurde der Sand derart aufgewirbelt, dass ich nicht einmal jemanden erkennen konnte, der nur 2 m vor mir stand. Ein anderes Mal hielt der Pick-up an, als die Fahrer an einer Weggabelung nicht wussten, in welche Richtung sie nun weiterfahren sollten. Kurzerhand wurde Sand hoch geworfen, die Windrichtung ermittelt, und schon ging es weiter.

Nach drei weiteren Tagen waren die Wasservorräte von meinem Freund und mir aufgebraucht. Nur noch wenige hatten etwas Wasser, von dem ich hin und wieder einen

Schluck bekam. So halfen wir uns gegenseitig, denn jeder wusste, es geht ums Überleben. Ich hatte furchtbaren Durst, ich fühlte mich schlecht. Einer der Insassen verkündete in dieser für uns alle äußerst schwierigen Situation, dass es in dem Dorf, das wir bald erreichen würden, einen Brunnen gäbe. Das ließ auch mich wieder Hoffnung schöpfen. Und so hielt ich durch. Tatsächlich kam unser Fahrzeug in ein kleines Dorf, das, eingebettet in ein dunkelbraunes Gebirge, einen Brunnen besaß. Auf einem Schild davor stand, dass dieser 500 m tief sei. Ich glaubte dies natürlich überhaupt nicht, wie die anderen Mitfahrer auch und versuchte, einen Eimer hinunter zu lassen, um Trinkwasser zu schöpfen. Aber dieser kam und kam nicht auf Grund. Ich wusste nicht einmal, ob der Brunnen trotz seiner Tiefe überhaupt Wasser führte. So musste ich enttäuscht aufgeben. Auch die vielen Palmwedel, die die Bewohner auf den Flachdächern ihrer Häuser liegen hatten, konnten mir nicht über meine Enttäuschung hinweg helfen. Wo Palmen wuchsen, musste doch Wasser sein!

Ohne Essen und ohne Trinken ergab ich mich in mein Schicksal. Wasser hatten lediglich noch die beiden Fahrer. Apathisch wie all meine Schicksalsgenossen saßen wir auf dem Pritschenwagen. Sollte ich nun verdursten? Würde ich überleben? Ich betete und erbat mir Hilfe bei Allah, meinem Gott. Letztlich gaben mir diese Gebete die Kraft durchzuhalten, da bin ich mir ziemlich sicher. So ging es noch einen Tag, eine weitere kalte Nacht und einen halben Tag lang, ehe wir das kleine Dorf Dourogou erreichten.

Jeder meiner Mitreisenden war irgendwie krank. Durst, Hunger, Kopf- und Bauchschmerzen quälten mich. Der erste Weg führte mich in einen Lebensmittelladen. Ich kaufte wieder Yamsmehl und Wasser. Sehr langsam aß ich von dem Brei, den ich mir angerührt hatte und ganz wenig. Ich wollte mir alles gut einteilen, Geld sparen. Schließlich war ich meinem Bekannten vollkommen ausgeliefert. Dieser bezahlte mir soweit alles, was ich jetzt zum Leben brauchte. Aber unsere Abmachung war, dass ich ihm später alles zurückbezahlen sollte, wenn ich in Libyen Arbeit hätte. Arbeit, die mir auch bezahlt werden würde.

Gerade einmal fünf Tage hatte ich Zeit, mich in diesem, etwa 500 Einwohner zählenden Dorf wieder zu erholen. Ich bewegte mich ganz langsam, sparte dadurch Energie, ging etwas herum, suchte mir einen Platz für die Nacht.

Dann wurde eine neue Reisegruppe zusammengestellt. Dieses Mal waren drei Frauen aus dem Niger dabei. Wieder saßen 33 Menschen dicht gedrängt auf der Pritsche. Auch dieser Pick-up wurde wieder von zwei Fahrern gesteuert, die weder GPS-Geräte noch andere Hilfsmittel dabei hatten, um den Weg nach Tripolis zu finden. Diese letzte Etappe sollte ohne weitere Zwischenfälle verlaufen, auch wenn sie wiederum sehr strapaziös war.

Als ich die ersten Zeichen von Zivilisation sah, wurde mir warm ums Herz. Ich hatte die Wüste jetzt hinter mir gelassen und überlebt. Ein Gefühl von freudiger Erregung stieg in mir hoch. Ich hatte es geschafft! Nun konnte es nur noch aufwärts gehen! Doch ich sollte mich täuschen. Das Gegenteil sollte mich ereilen und der gefährlichste Teil meiner Flucht noch kommen.

Libyen - ein lebensgefährliches Land

Gegen 14.00 Uhr erreichten wir das Zentrum von Tripolis. Dem Verletzten wurde von seinem mitreisenden Freund weiter geholfen. Mein Freund und ich nahmen uns ein Taxi und ließen uns zu der Adresse fahren, die er bei sich hatte. Staunend musste ich die großen Ausmaße von Libyens Hauptstadt verarbeiten und auf mich wirken lassen. Ganze 40 km zieht sich die Stadt am Mittelmeer entlang und reicht 3 - 5 km ins Landesinnere. Das Jahr 2010 hatte gerade angefangen, begonnen mit einer vielleicht guten Zukunft für mich?

Das Taxi entließ uns beide vor einem großen Grundstück, das von einer langen Mauer umgeben war. Als ich durch den Eingang ging, sah ich in einen großen, runden Innenhof, in dessen Mitte das Wohnhaus der Familie stand. An einer Stelle der Mauer waren einige kleine Gebäude errichtet, in denen Baumaterial lagerte. Eines davon wurde unser Zuhause: Der Raum war gerade einmal 3 m x 4 m groß. An einer Wand stand ein Bett. Für mich wurde ein weiteres hinzu gestellt. Auf einem kleinen Gaskocher konnten wir unsere spärlichen Gerichte zubereiten.

Der Besitzer war Arbeitsvermittler und konnte auch schon bald für uns Arbeit finden. Weil dieser auch mit Holz handelte, hatte er bei einem seiner Kunden für mich Arbeit gefunden. Ich brachte Holzdecken an, fertigte Verschalungen, betonierte. Von 8.00 Uhr — 19.00/20.00 Uhr arbeitete ich an fünf Tagen in der Woche, von Montag bis Donnerstag und am Samstag. Ich erhielt dafür 150 Dinar im Monat, das sind etwa 100 €. Jetzt musste ich genau kalkulieren und meinen Verdienst einteilen. Bei meinem

Freund hatte ich 500 Dinar Schulden, die ich vielleicht in 75 - 100-Dinar-Raten zurückbezahlen könnte. Dann hätte ich in ungefähr sechs Monaten meine Schulden getilgt. Zum Leben brauchte ich nicht viel: Wasser, Reis, Zwiebeln, Tomaten, Baguette, Käse, vielleicht einmal im Monat ein Huhn, das wir zerkleinerten, kochten und dann mehrmals davon aßen.

So bestand mein bescheidenes, einfaches Leben hauptsächlich aus Arbeit. In der wenigen freien Zeit ging ich auf den Markt, um einzukaufen. Da begegneten mir doch tatsächlich wieder die Tuareg mit ihren blauen oder braunen Turbanen. Auf den ersten Blick wirken diese mit ihrer ruhigen Art friedfertig, sanftmütig, ja beinahe schläfrig. Und niemand denkt, dass diese so gut kämpfen können. Die Tuareg waren die gefährlichsten Kämpfer, die Präsident Muammar al-Gaddafi um sich geschart hatte. Ihr Stolz und ihre Stammeszugehörigkeit, die über Landesgrenzen hinweg Bestand hat, nutzte Gaddafi gnadenlos für seine Zwecke aus. Diesen Tuareg ging ich immer aus dem Weg, da sie mir durch die erste Begegnung in Mali nicht in guter Erinnerung geblieben waren. Mir begegneten aber auch Schwarze aus dem Niger und aus dem Tschad. Diese haben eine etwas hellere Hautfarbe wie ich. Sie sind eher braun, haben eine längere, schmale Nase und weichere Haare. Zu diesem Zeitpunkt konnte ich noch nicht ahnen, dass deren Anwesenheit in Libyen, speziell in Tripolis, für mich noch gravierende Schwierigkeiten mit sich bringen sollte, mir beinahe das Leben kosten würde.

Langsam konnte ich mir etwas aufbauen und zufriedener in die Zukunft schauen, denn ich hatte nach einigen Monaten tatsächlich meine Schulden zurückbezahlt.

Mittlerweile wohnte und arbeitete ich schon über ein Jahr in Tripolis. Aber wie das im Leben so ist: Geht es einmal aufwärts, soll es einem nicht zu gut gehen. Auch bei mir kam wieder die Wende, als im Februar des Jahres 2011 der Bürgerkrieg in Libyen ausbrach. Oppositionelle Bewaffnete näherten sich von Bengasi aus, vom Osten her, langsam auf Tripolis zu. Dort in der Millionenstadt Bengasi hatte sich mit dem Nationalen Übergangsrat eine zweite Regierung etabliert. Von einem zum anderen Tag konnte ich plötzlich nicht mehr arbeiten. Das Leben in der Stadt wurde zu gefährlich für uns. Warum? Gaddafi hatte Söldner aus dem Tschad angeheuert, bis zu 1.000 amerikanische Dollar sollte jeder bekommen haben. Und diese waren schwarz, so wie ich. Der Besitzer unseres kleinen Zuhauses hatte rechtzeitig erkannt, dass wir beide gefährdet waren. Denn auch wir waren Schwarze. Von weitem konnte man uns nicht von einem Farbigen aus dem Tschad oder dem Niger unterscheiden.

Da unser „Wohltäter" noch am Stadtrand ein kleines Wochenendhaus besaß, das von einem Feld umgeben war, beschloss dieser, uns dort unterzubringen. Zwiebeln, Kartoffeln, Karotten und Salat wurden dort angebaut. Eigentlich lebten wir in diesem Häuschen mit seinen zwei Zimmern, einer Toilette und einer Dusche gut, ja beinahe luxuriös. Wir zwei wohnten gewissermaßen in einem goldenen Käfig. Der Eigentümer hatte dieses Häuschen hauptsächlich für Partys genutzt. Für uns stand das leicht vornehme Wohnambiente ganz im Gegensatz zu der politischen Lage: Tagsüber und auch nachts hörten wir Schüsse, hatten furchtbare Angst und trauten uns nicht hinaus. Die Tür hielten wir vorsichtshalber immer verschlossen. Dennoch hatten wir das Gefühl, dass jederzeit jemand kommen und die Tür aufbrechen könnte. So verging Tag für Tag. Die ganze Anspannung ließ uns nicht schlafen. Wir saßen im Haus fest, nickten manchmal vor Müdigkeit ein. Doch wir konnten nicht lange schlafen, denn schon im nächsten Augenblick ließ uns ein erneuter Bombeneinschlag wieder aus dem Schlaf hochschrecken. Ich lernte sehr schnell, die Geräusche zu unterscheiden. War es eine Gewehrsalve oder detonierte eine Bombe? Ich wusste nicht, wer auf wen schoss, aus welchen Flugzeugen die Bomben abgeworfen wurden und wem diese galten. Ich wusste nur, ich bin mittendrin in einer bewaffneten Auseinandersetzung, im Krieg.

Ganze sieben Monate harrte ich mit meinem Bekannten, der mir ein guter Freund und wahrhaftiger Schicksalsgenosse geworden war, in diesem Wochenendhaus aus. Wir hatten anfangs genug Vorräte bekommen: Drei Säcke Reis, jeweils 30 kg schwer, Zwiebeln, Brühwürfel, ein Gebinde Öl mit acht Flaschen und einen großen Sack Kartoffeln.

Hin und wieder, wenn gerade Waffenruhe war, stand der Besitzer vor der Tür und rief mich mit meinem Namen. So öffnete ich vorsichtig diese Tür, die dann sofort wieder von innen verschlossen wurde. Er berichtete uns von der politischen Lage: Truppen der USA und Großbritanniens, sowie von Frankreich flogen Luftangriffe gegen die Soldaten von al-Gaddafi und unterstützten damit den Vormarsch der Rebellen vom Osten her nach Tripolis. Um uns herum wurde heftig gekämpft. Der Hausbesitzer vermittelte uns durch seine Besuche den einzigen Kontakt zur Außenwelt. Neben neuesten Nachrichten und Lebensmitteln brachte er einmal ein Handy mit, jedoch ohne Sim-Karte. So konnten wir zwar nicht telefonieren, aber vorsichtig, mit der Hand abgeschirmt, gab uns dieses Handy Licht. Es wäre zu verräterisch gewesen, bei Dunkelheit eine Lampe anzumachen. Schon in den ersten Tagen hatten wir Vorhänge im Häuschen gefunden, die wir schnell aufgehängt hatten, um die Fenster einigermaßen blickdicht zu machen. Nachts ließen wir die Fenster einen Spalt breit auf, um frische Luft reinzulassen. Wir saßen in der Falle, so fühlten wir uns auch. Libyen konnten wir nicht verlassen. Weder konnte ich in ein anderes Land reisen, noch raus aus Tripolis, noch aus unserem Häuschen, das nun zu unserem Gefängnis geworden war.

Eines Tages besuchte uns wieder der Besitzer. Er war mit seinem Auto vorgefahren, hatte wieder Lebensmittel dabei, klopfte an die Tür und rief wiederum meinen Namen. Wie verabredet ließ ich ihn ein. Sogleich verschlossen wir die Tür wieder. Gerade hatten wir uns begrüßt, als wir draußen mehrere Männerstimmen hörten. Diese forderten uns auf, unverzüglich die Tür zu öffnen. Mir stockte der Atem, mein Herz klopfte. Was würde geschehen? War dies nun das Ende meines noch so jungen Lebens? Unser „Wohltäter" dachte nur kurz nach, traf blitzschnell eine Entscheidung und sagte dann zu uns: „Wir müssen die Tür öffnen, wenn wir am Leben bleiben wollen! Andernfalls schießen diese bewaffneten Männer durch die Tür." Und so ließen wir die Bewaffneten herein mit der Folge, dass wir alle drei verhaftet wurden.

Zu diesem Zeitpunkt hatten die Rebellen Tripolis eingenommen, während sich Muammar al-Gaddafi in seine Geburtsstadt Sirte zurückgezogen hatte und dort dann auch getötet wurde. Eine andere wichtige Stadt in diesem Zusammenhang war die etwa 94.000 Einwohner zählende Stadt Sabha im Landesinneren von Libyen. Viele

Schwarze aus dem Tschad lebten dort, schwarzafrikanische Tubu und arabische Stämme, bis an die Zähne bewaffnet. Die normale libysche Bevölkerung fürchtete sich sehr vor ihnen. Auch nach dem Tod von Präsident Muammar al-Gaddafi legten seine Kämpfer ihre Waffen nicht nieder, ließen ein Ultimatum verstreichen, ein verlängertes auch. Verhandlungen mit ortsansässigen Stammesführern blieben erfolglos. Am 13.9.2011 schließlich griffen die Rebellen, Kämpfer des Übergangsrates, die Stadt Sabha mit Luftunterstützung der NATO an. Nach einer Woche wurde der Flughafen eingenommen und die dort stationierte Garnision. Die Medien konnten erst zwei Tage später von der Eroberung der Stadt Sabha berichten. In diesem ganzen Chaos von Gewalt, Machtanspruch unterschiedlichster Rebellen und Milizen, funktionierte keine objektive Berichterstattung mehr.

Von diesem ganzen Durcheinander, militärisch, wirtschaftlich und politisch, bekam ich zunächst gar nichts mit. Ein Durcheinander hatte ich aber in meinem Kopf. Ich konnte kaum reden, war in mich gekehrt. Apathisch saß ich auf meinem Bett, das gar keines war, sondern lediglich eine Matratze, die auf dem Boden lag. Zu zehnt waren wir in einer Zelle untergebracht, in einem Gefängnis in Sawiya, einer kleinen Stadt nahe Tripolis. Was hatte ich getan? Was passierte gerade mit mir? Mein Freund und andere Mitinsassen versuchten, mich aufzumuntern, sie wollten in mir wieder einen Funken Hoffnung entfachen. Langsam und mit großer Mühe entkam ich mit deren Hilfe dieser Lethargie, diesen dunklen Gedanken. Dann kam noch hinzu, dass ein Gefängnisaufseher vor meinen Augen ein Dokument zerriss, das mir und meinem Freund bescheinigte, dass wir uns frei in Libyen aufhalten dürften. Mein Arbeitgeber hatte uns dieses gleich beschafft, als wir in Tripolis angekommen waren. Es sollte zu unserer Sicherheit beitragen. Zu dritt waren wir verhaftet worden, mein Arbeitgeber inzwischen wieder frei gelassen. Deshalb hoffte ich, aufgrund dieses Papiers entlassen zu werden. Und nun dies! Jetzt wusste ich, dass ich rechtlos war in einem Land ohne Gesetz. Oder in einem Land, in dem das Recht des Stärkeren, des Kriminelleren galt!

Nach einer Woche wurden wir in ein anderes Gefängnis verlegt. Nach einer dreistündigen Busfahrt kamen wir in Samrata, einem Stadtteil/Vorort von Tripolis an. Hier bekam mein Alltag eine Struktur: Gegen 11.00 Uhr gab es Frühstück, Makkaroni mit Tomatensoße auf Tellern, dazu Brot. Gegen den Durst ging ich in die Toilette und trank Wasser aus dem Wasserhahn des Waschbeckens. Eines Tages kam ein Gefängnisaufseher, suchte sich 2 - 3 Gefangene aus unserer 10köpfigen Gruppe aus und nahm diese mit zu sich nach Hause. Ich gehörte dazu und musste meistens bis 16.00 oder 17.00 Uhr, manchmal auch bis 18.00 Uhr arbeiten. Während dieser Zeit bekam ich nichts zu essen, nur Wasser, um meinen Durst zu löschen. Oft schuftete ich bei den Aufsehern daheim oder auf deren Baustellen, natürlich bewacht. Die Aufseher im Gefängnis arbeiteten ohne jegliche Kontrolle irgendeiner Regierung. Der einzige Grund für meine Inhaftierung war meine schwarze Hautfarbe. Ich konnte es immer noch nicht fassen!

Diese Männer hatten plötzlich viel Geld. Woher? Viele Libyer hatten ihr Bargeld in ihren Häusern aufbewahrt. Vielleicht deshalb, weil das Bankensystem zusammengebrochen war oder war es wie in meinem Heimatland

Gambia? Dort haben die Reichen einen Tresor bei der Bank und einen bei sich Zuhause, damit ihnen Bargeld immer zur Verfügung steht. Beinahe alles wird in bar bezahlt, auch die Bestechungen, die fast alltäglich sind. Nun hatten sich die Rebellen und Milizen geholt, was ihnen ihrer Meinung nach jahrelang vorenthalten worden war: Geld und Reichtum! Und dieses Geld wurde umgehend in Baumaterial investiert, Arbeitskräfte wie mich gab es schließlich kostenlos! Ein regelrechter Bauboom hatte eingesetzt.

An unserem traditionellen, muslimischen Ruhetag, dem Freitag und auch am Sonntag wurde nicht gearbeitet. Da konnte es dann im Gefängnis zur Abwechslung auch einmal Reis geben. Ansonsten musste ich zum Abendessen um 20.00 Uhr immer wieder Makkaroni mit Tomatensoße essen und das nicht nur wochenlang. Ganze neun Monate wurde ich gefangen gehalten. Die zehn Mithäftlinge, mit denen ich meine Zelle teilte, waren unterschiedlichster Nationalität. Einige kamen aus Bengasi und schwärmten von ihrer so großen, wunderschönen Stadt, die stets von zahlreichen Touristen besucht wurde. Doch Schwarze sollten unbedingt Bengasi meiden. Ich sollte mich zu meiner eigenen Sicherheit von diesem Gebiet Libyens fern halten. Insgesamt wurde wenig miteinander gesprochen. Ein jeder hatte mit sich selbst zu tun und war mit seinem eigenen Schicksal beschäftigt.

Mein Freund jedoch erlitt ein ganz folgenschweres: An einem Arbeitstag wollte er in einem scheinbar unbeaufsichtigten Moment fliehen. Er wurde aber entdeckt und von hinten von einem Aufseher niedergeschossen. Mir wurde berichtet, er sei ins Bein geschossen worden und an den Folgen der Schussverletzung dann im Krankenhaus gestorben. Wieder fühlte ich mich einsam und sehr traurig. Wir hatten so viel zusammen durchgemacht. Er hatte mir bis hierher geholfen, und nun war er nicht mehr am Leben! Würde auch ich mein Leben verlieren in diesem Land, das von Anarchie regiert wird? Immer wieder kreisten meine Gedanken darum und rissen mich in einen tiefen Abgrund. Manche Nacht konnte ich kaum schlafen, obwohl ich sehr müde und erschöpft von der Arbeit war. In diesen schlaflosen Nächten beobachtete ich, dass kleine, weiße Insekten aus dem nächtlichen Nichts kamen und versuchten, auf meinem warmen Körper ihren Hunger zu stillen. Sie saugten mein Blut an meinen Armen und vor allem an meinem Bauch, an der Stelle, wo mein Hosenbund war. Mich ließen sie zurück mit einem starken Juckreiz, während sie sich wieder lautlos davon machten und den Tag wahrscheinlich in irgendeinem Versteck verschliefen. Mein Körper wurde nicht nur nachts traktiert von kleinen, sechsbeinigen Lebewesen. Tagsüber, je nach Stimmung und Schicht, wurde ich grundlos immer wieder von Gefängnisaufsehern geschlagen. Narben, auch von einem abgewehrten Messerangriff, werden mich ein Leben lang an diese schlimme Zeit erinnern!

Nur mit großer Mühe und Hilfe eines mir wohl gesonnenen Gefängnisaufsehers gelang es mir, doch wieder nach vorn schauen zu können. Es geschah bereits an meinem vierten Tag im Gefängnis von Samrata, als genau dieser Aufseher, etwa 40 - 45 Jahre alt, Dienst hatte. Er ließ uns raus in den Hof, damit wir uns an der frischen Luft bewegen konnten. Und aus irgendeinem Grund hatte dieser mich in sein Herz geschlossen. Ich konnte es seiner Mimik entnehmen, aus seinem Gesicht lesen. Als dieser Aufseher bei der Essensausgabe Dienst hatte, geschah etwas Außergewöhnliches: Unsere Augen begegneten sich, ein flüchtiges Lächeln huschte über sein Gesicht. Und ich hatte seit vielen Monaten und Jahren wieder das Gefühl: Es gibt noch Herzlichkeit und Wärme in dieser Welt - Menschlichkeit! Immer wieder begegneten wir uns bei der Essensausgabe. Einmal wechselten wir neben einem flüchtigen Lächeln sogar ein paar Worte.

Eines Tages wählte mich genau dieser Aufseher zur Arbeit aus. Zunächst erhielt ich bei ihm daheim ein Frühstück. Er schob mir auch schon einmal einen Apfel zu und gab mir sogar warmes Essen. Ich hatte in meiner nahezu ausweglosen Situation langsam wieder Hoffnung geschöpft. „Warum? Warum? Warum?" Dies waren meine quälenden Fragen, wenn wir miteinander ins Gespräch kamen. Er erklärte mir die politische Lage: Keine Regierung, Anarchie. Jeder konnte tun und lassen, was er wollte. Jetzt konnte ich ansatzweise verstehen, warum ich in diese so missliche Situation geraten war. Der Krieg war mein Feind oder doch auch mein Freund? Es gab keinerlei staatliches Gesetz und Recht. Jeder setzte mit seinen Waffen sein eigenes Recht durch, so gut er konnte. Und genau dieses wollte nun der mir so wohlgesonnene Aufseher für sich in Anspruch nehmen. Eines Tages erklärte er mir, dass er nach Arbeit für mich suchen würde. Er würde mich dann laufen lassen, und ich wäre frei. Was sollte ich nun von diesem Vorschlag halten? Meine Gefühle schlugen Purzelbäume. Gab es nun doch noch eine Wende zum Guten?

Manchmal ergab es sich, dass ich bei der Arbeit für meinen mir so wohlgesonnenen Aufseher auch Freunde von ihm traf. Diese stellten mir ebenfalls Arbeit in Aussicht. Aber ich hatte dabei ein ungutes Gefühl. Meine Sinne waren geschärft. Vielleicht würden diese „meinen" Aufseher verraten. Dabei wollte ich ihn auf keinen Fall in Schwierigkeiten bringen. In einem letzten Gespräch trichterte er mir ein, dass ich sehr auf mich aufpassen müsste. Es gäbe viele, viele schlechte Menschen, aber auch gute, die noch menschlich waren in diesem so menschenfeindlichen Libyen. Menschen, die mit und nach ihrer Religion lebten. In dieser so schwierigen, instabilen Lage brachte mich „mein" Aufseher nun nach nochmaligen Ermahnungen und Unterweisungen zu einem bestimmten Platz in Tripolis, einer parkähnlichen Anlage, in der sich etwa 70 - 100 Männer, ausschließlich Ausländer, aufhielten. Dieser Platz diente der Arbeitsvermittlung.

Es war etwa 15.00 Uhr. Ich fragte mich gerade, wo ich einen Platz für die Nacht finden könnte, als ein Tunesier, der schon einige Zeit in Libyen lebte, auf mich zu kam. Dieser bot mir an, mit in seinem kleinen Haus zu wohnen. Er hatte dieses für monatlich 50 Dinar, das sind ungefähr 34 €, gemietet. Wir könnten uns die Miete teilen, und ich hätte eine Unterkunft. „Ein guter Deal für uns beide!" schoss es mir durch den Kopf. Bedenkzeit brauchte ich keine. Ich wartete nur noch einige Zeit, ob ich Arbeit bekommen könnte. Dies war nicht der Fall, und so gingen wir gegen 17.00 oder 18.00 Uhr zusammen „heim".

Die erste Nacht wieder in Freiheit! Ich dachte zurück: Ich war im Gefängnis gewesen, hatte jede Hoffnung verloren, jemals wieder raus zu kommen. Und wie lang würde ich überhaupt noch am Leben bleiben? Ich hatte meinen Freund verloren. Auch ich könnte morgen nicht mehr am Leben sein. In diesem Zustand tiefer Dankbarkeit, frei, mein Essen selbstbestimmt kochen zu können, ohne Be-

wachung schlafen zu können, einfach wieder frei sein -
dafür dankte ich von ganzem Herzen Allah, meinem Gott.
Es war ein guter Tag!

Die Autos fahren in Libyen links, also saßen wir in einer
langen Reihe nebeneinander am linken Straßenrand.
Handwerker, die ihr Arbeitsgerät dabei hatten, konnten
sich zum Beispiel gleich als Schreiner ausgeben und wurden dann ganz gezielt angesprochen. Ich war Tagelöhner,
ausgeliefert den Arbeitgebern. Es konnte passieren, dass
ich den ganzen Tag hart gearbeitet hatte, aber mir der
Lohn nicht bezahlt wurde. Oder mir wurde nur ein Teil
des vereinbarten Lohnes ausbezahlt.

Ganze drei Monate arbeitete ich so. Freitags und sonntags ruhte ich mich aus. Mein Mitbewohner war einige
Jahre älter als ich. Wir vertrugen uns gut, waren eine ein-
geschworene Schicksalsgemeinschaft. An diesen arbeits-
freien Tagen tranken wir unseren chinesischen, grünen
Tee, den wir immer stark süßten. Er wird in kleinsten Por-
tionen getrunken und wirkt anregend und verdauungs-
fördernd. Deshalb trinke ich ihn immer nach dem Essen.
Wir unterhielten uns und spielten manchmal auch ein
Kartenspiel zur Unterhaltung. Eigentlich waren wir recht
zufrieden. Besonders freute ich mich, dass ich wieder
selbst kochen konnte: Reis mit Zwiebeln und Hühnchen.
Ich konnte keine Nudeln mehr sehen, aber leider verfolg-
ten mich diese auch in Zukunft. Ich wurde diese einfach
nicht los. Ich dachte damals schon, mein Blut würde ganz
aus Nudeln bestehen.

Frauen sah ich in Tripolis kaum. Und wenn, dann waren
diese in männlicher Begleitung. Begegnete ich doch einmal einer allein, so hatte ich mir angewöhnt, wegzu-
schauen oder meine Hand seitlich vor das Gesicht zu

halten, damit sich unsere Blicke nicht treffen konnten. Natürlich schaute ich dennoch ganz vorsichtig und spitzbübisch durch die Fingerschlitze hindurch. Ein Bekannter erzählte mir einmal, dass eine Hausbesitzerin ihrem Arbeiter, der zum Saubermachen des Hauses engagiert war, mit wohlmeinenden und doch deutlichen Worten zu verstehen gab, dass sie Lust verspürte, mit diesem zu schlafen. Als ihr Ehemann das Haus verlassen hatte, hatte diese nun einige Stunden Zeit, sich ganz ihrem Arbeiter hinzugeben. Frühestens um 14.00 Uhr könnte ihr Ehemann zum Essen wieder zurück sein. Doch wehe, wenn dieser Arbeiter erwischt worden wäre! Ihm drohte dann unweigerlich der Tod! Der junge Mann genoss die warme Liebe, den leidenschaftlichen Sex und war schließlich über alle Berge, als der Ehemann heim kam.

Nach ungefähr drei Monaten geriet ich bei meiner Arbeitssuche tatsächlich an Kriminelle. Wie immer war ich in ein Auto eingestiegen, weil mir Arbeit versprochen worden war. Wie immer war ich schutz- und rechtlos diesen Menschen ausgeliefert. Diese Kriminellen erpressten mich. Sie wollten das Geld haben, das ich bei mir trug. Es waren gerade einmal 50 Dinar, also etwa 34 €. Den Verlust des mühsam erarbeiteten Lohns hätte ich ja noch verschmerzen können, doch sie nahmen mir die Freiheit! Ich wurde gefangen genommen. Eine Nacht, zwei Nächte. Schließlich waren wir fünf Gefangene, die für diese Leute arbeiten mussten, ganz ohne Bezahlung, nur für Kost und Logis, wie im Gefängnis. Es war mir viel zu gefährlich, an Flucht zu denken, denn alle waren bewaffnet. Da eine Flucht unmöglich war, ergab ich mich in mein Schicksal. Ich war am Leben! Die Arbeit, die ich verrichten musste, war abwechslungsreich: Das Haus putzen, Einkäufe ins Haus tragen. Manchmal musste ich auf dem Feld arbeiten und Furchen für die Saat in die Erde ziehen. Ganze sechs Monate zwangen mich diese Kriminellen, meine Arbeitskraft in ihren Dienst zu stellen!

Ein Mann aus dieser Gruppe stach aber heraus, er war anders und machte auf mich einen ordentlichen Eindruck. Seine Mimik, seine Augen, sein Gesichtsausdruck ließen in mir den Entschluss reifen, ihn eines Tages anzusprechen. Ich nahm allen meinen Mut zusammen. Verlieren konnte ich in dieser misslichen Situation nichts mehr. Und so geschah es auch. Ich begann unser Gespräch in einem passenden Augenblick, dabei traten mir unwillkürlich Tränen in die Augen: „Schon wieder bin ich in einem Gefängnis. Was ist dies für ein Land? Ich muss es verlassen. Ich will in Frieden leben, deshalb kam ich hierher nach Libyen. Wie kann ich dieses Land verlassen? Wie kann ich weiterziehen nach Tunesien, nach Algerien oder gar zurück nach Burkina Faso?" Ich kannte keine Zurückhaltung mehr. All diese Gedanken kreisten schon seit längerem in meinem Kopf und sprudelten jetzt nur so heraus. Nur weg, weg aus diesem gefährlichen Libyen, in dem ich meines Lebens nicht mehr sicher bin. „Bitte helfen Sie mir! Bitte helfen Sie mir, dieses Land zu verlassen! Ich werde noch verrückt, ich muss raus aus Libyen!"

Raus waren nun meine Gefühle, meine Worte, meine Gedanken. Und wie reagierte mein Gegenüber? Ich hatte mich in ihm nicht getäuscht. Er wollte meine ganze Leidensgeschichte hören und den Grund für meine Flucht aus Gambia. Und so begann ich: „In Gambia herrscht ein Diktator... ." Schon bei den ersten Sätzen meines Fluchtverlaufs sah ich, wie auch er glasige Augen bekam. Ein aufrichtiger Libyer, mitten im Chaos, zeigte gerührt An-

teilnahme an meinem Schicksal, kämpfte mit seinen Tränen! Wieder war ich auf einen Menschen gestoßen, der
noch Menschlichkeit kannte und mir weiterhelfen wollte.

Eines Nachts wurde ich auf sonderbare Weise aus dem
Schlaf gerissen: Mein Gesprächspartner, der mir nach unserem Gespräch Hilfe angeboten hatte, öffnete das Vorhängeschloss, das außen an der Tür angebracht war, damit wir nicht weglaufen konnten. Dann klopfte er an die
Tür, denn wir hatten diese wiederum zu unser eigenen Sicherheit von innen zusätzlich abgeschlossen. Ich rieb mir
gerade die Augen und sah, wie einer aus unserer Mitte
die Tür vorsichtig öffnete. Ein kurzer Wortwechsel war zu
hören. Als ich meinen Namen vernahm, war ich hellwach!
Ich wusste nicht, wie mir geschah. Ich sollte mitkommen.
Alles, was ich am Körper trug, war mein ganzer Besitz. So
stieg ich in sein Auto ein.

Ich hatte furchtbare Angst. Mitten in dunkler Nacht saß
ich mit einem Kriminellen allein in seinem Auto, das uns
aus der Stadt heraus brachte. Bald schon waren die Lichter nicht mehr zu sehen. Mit hohem Tempo fuhren wir
auf einer Überlandstraße etwa eine Stunde oder auch
zwei. Für mich eine gefühlte Ewigkeit. Ich traute mich
nicht, irgendein Wort zu sagen, und auch mein Fahrer
konzentrierte sich nur aufs Fahren. Lediglich das Motorengeräusch durchdrang die Stille der Nacht. Wir fuhren
in immer weiter entlegene Gegenden, die ich bisher noch
nie gesehen hatte. „Will er mich umbringen?" schoss es
mir durch den Kopf. „Hat nun meine letzte Stunde geschlagen?" Meine Angst wuchs ins Unermessliche. Wir
hatten angehalten. Und ich bemerkte, dass wir uns an einem Strand befanden. Die Meereswellen plätscherten
sacht vor sich hin, in immer wiederkehrendem Gleich-

klang. In meiner Verzweiflung fing ich nun doch an, meinen Fahrer anzusprechen: „Was machen wir hier?" Noch nie in meinem Leben war ich in so einer verlassenen Gegend gewesen und das noch mitten in der Nacht. Mit ruhigen, ganz sachlichen Worten erinnerte mich der Fahrer an unser so emotionales Gespräch: „Du willst doch Libyen verlassen. Und dies geschieht nun." Ich war vollkommen durcheinander. Einerseits hatte ich bereits mit meinem Leben abgeschlossen, und nun diese wundersame Rettung, von mir seit langem herbeigesehnt! Doch dann wieder dieser Mann, jetzt so verschlossen und ernst mir gegenüber. Hatte dieser vor ein paar Tagen nicht so wohlwollend und mitfühlend mit mir gesprochen? Ich wusste nicht, was ich in diesem Moment von ihm denken sollte! Wie wandelbar Menschen doch sein können, sich verändern, anpassen wie ein Chamäleon an die Farbe seines Untergrunds.

Plötzlich, die Zeit schien für mich still zu stehen, tauchten einige Lastwagen aus dem Dunkel der Nacht auf. Wir hatten vielleicht eine Stunde gewartet. Dann öffneten sich die Ladeklappen, und aus dem Innern ergoss sich ein wahrer Flüchtlingsstrom. Ich wusste nicht, wie mir geschah.

Auf einmal wimmelte es nur so von Menschen um mich herum. Ich konnte gerade noch erkennen, dass sich mein Fahrer zu einer kleinen Gruppe Libyer begab und mit einem davon sprach. Ganz genau verfolgte ich ihn mit meinem Blick. Was hatte ich zu erwarten? Die Körpersprache und die Gesten verrieten mir, dass sich die beiden gut kannten. Mein Fahrer war Mitglied in einer kriminellen Bande. Also musste auch sein Gesprächspartner ein Krimineller sein, so schoss es mir durch den Kopf! Ich musste aufpassen! Noch immer voller Angst sah ich, wie er zu mir zum Auto zurück kam. Er forderte mich auf auszusteigen und dann seine Worte, die ich nie mehr in meinem Leben vergessen werde: „Viel Glück!" Was sollte das für mich bedeuten? Langsam löste sich bei mir die Anspannung. Ich fühlte, es wird eine weitere Wende in meinem Leben geben. Und der Kriminelle mutierte zu meinem Schutzengel!

Über das Mittelmeer

Die vielen Menschen, die aus dem Bauch der Lastwagen geklettert und so plötzlich mitten in der Nacht aufgetaucht waren, wurden in kleinen Gruppen zu einem hölzernen Fischerboot gebracht. Sie hatten viele 5 l - Kanister mit Wasser dabei und hellbraun gebackene Baguettestangen, die in der dunklen Nacht glänzten. In diesem Augenblick wurde mir wieder Angst und Bange. Wie sollten all diese vielen Menschen aus Algerien, Somalia, Niger, Tunesien, Nigeria, Mali, Bangladesch und Gambia auf einem Fischerboot Platz finden? Die Nationalitäten erfuhr ich erst später, als ich im Lager auf Lampedusa mit einigen von ihnen ins Gespräch gekommen war. Während der Fahrt auf dem Mittelmeer sprach kaum jemand, jeder war mit seinen Ängsten und Gedanken weitgehend mit sich selbst beschäftigt. Drei Gambier waren auch mit an Bord, doch konnte ich mich kaum mit ihnen verständigen, da diese weder meine Stammessprache noch Englisch verstanden. Diese hatten wohl nie eine Schule besucht, so mutmaßte ich damals.

Ich beobachtete voll Furcht diese gespenstisch anmutende Szenerie, inmitten der dunklen Nacht, eingesäuselt von dem gleichmäßigen Singsang der Wellen, die sich am Strand an Land warfen, um es sich dann wieder anders zu überlegen und zurück ins Mittelmeer zu fließen. Und dann kam noch etwas hinzu, was meine Angst steigerte: Ich konnte nicht schwimmen! Dieser Schutzmechanismus hielt mich zunächst davon ab, es den anderen Flüchtlingen gleich zu tun. Als ich so meinen Gedanken nach hing, nahm mich mein Schutzengel an die Hand. Zusammen wateten wir zu dem Boot und schon half er mir beim Einsteigen. Er verabschiedete sich mit einem weiteren: „Viel Glück!“ „Ich werde diesen Mann wohl nie wieder in meinem Leben sehen“, das waren meine Gedanken in diesem Augenblick.

Weil alle Insassen bis auf die drei Frauen, die trockenen Fußes ins Boot getragen worden waren, nasse Hosenbeine hatten, war es sehr ungemütlich. Ich fröstelte. Mir war kalt, innerlich und von außen nahm die Kälte Besitz von meinem Körper. Was geschah gerade? Ursprünglich musste ich mein geliebtes Heimatland Gambia verlassen, um mein Leben zu retten. Und nun begab ich mich auf hohe See. Ich konnte nicht schwimmen. Wie sollte das ausgehen? Ich hoffte und bangte.

Einer der libyschen Männer startete den Außenbordmotor und fuhr mit uns etwa fünf Minuten lang hinaus aufs offene Meer. Danach stieg dieser in ein kleineres Boot um, das uns bis dahin begleitet hatte und jetzt wieder zum Strand zurück fuhr. Von nun an wurde unser Boot von einem anderen Mann gesteuert, ebenso ein Flüchtling wie ich. Es war eine sternenklare Nacht. Die Wellen schaukelten das Boot hin und her. Mir wurde furchtbar schlecht. Ich konnte mir oben auf dem Fischerboot einen Platz sichern. Mit dem Rücken lehnte ich an der Wand und war mit der Zeit eingeschlafen. Ein kalter Schauer ließ mich hochfahren: Eine Welle hatte mich geweckt. Ich fror erbärmlich. Nass waren unten herum meine Hosenbeine, nun auch mein Kopf. Lediglich zwei Shirts und zwei Hosen trug ich auf meinem Körper. Mehr hatte ich nicht dabei. Wärmer hätte ich mich auch gar nicht anziehen können, als ich so überstürzt zu meiner Flucht aus dem Bürgerkriegsland Libyen gedrängt wurde. Als ich langsam die Sonne aus dem Meer aufsteigen sah, da wurde ich wieder etwas zuversichtlicher. Die wärmenden Sonnenstrahlen sollten mir nicht nur meine Hose trocknen, sie wärmten auch mein Herz und meine Gefühle. Aber dann stieg auch schon wieder die Angst in mir empor und verdrängte alles andere. Als Nichtschwimmer war ich umringt von Wasser. Wasser, überall Wasser, wohin ich meinen Kopf auch drehte und wendete. Langsam fühlte ich auch Hunger und Durst. Schüchtern fragte ich, ob ich auch etwas von dem Baguette haben könnte. All die anderen Insassen hatten inzwischen angefangen zu essen, und so tat ich es ihnen gleich. Niemand wusste, dass ich für diese Überfahrt und für die „Verpflegung" nichts bezahlt hatte. Es blieb mein Geheimnis. Auch das Wasser aus den Kanistern tranken wir gemeinsam. Als der erste Kanister leer war, schnitt jemand diesen auseinander. Jetzt hatten wir etwas zum Schöpfen. Und das sollte von nun ab unsere Haupttätigkeit sein, immer abwechselnd. An Schlaf war natürlich in dieser Situation überhaupt nicht zu denken. Dennoch nickte ich vor Übermüdung immer mal wieder ein, manchmal vielleicht für höchstens drei Stunden. Die meiste Zeit schaute ich meine Mitreisenden an, ließ meine Gedanken über das weite Meer schweifen. Wohin trugen mich diese Wellen? Kam ich auch irgendwo an? Oder schluckte mich irgendwann das Meer, so wie ich das kostbare Trinkwasser geschluckt hatte?

Bereits mittags war das Brot aufgegessen, gegen Nachmittag waren auch die Wasserkanister leer getrunken. Die Sonne nahm beim Untergehen ihre ganze Wärme mit und ließ mich frösteln. Wind kam auf in dieser Nacht, die Wellen wurden höher, das Boot schaukelte bedenklich. Ich bekam Angst. Und nicht nur ich. Wir alle saßen im selben Boot und fühlten uns sehr schlecht. Nun mussten alle gleichzeitig Wasser schöpfen, wollten wir nicht untergehen. War einer müde, schöpfte ein anderer weiter. Plötzlich sahen wir von weitem einen hellen Schein auf uns zukommen. Ich konnte mir dieses Phänomen nicht erklären, zumal es immer heller wurde. Doch dann hörten wir Motorengeräusch und sahen schließlich einen Hubschrauber über uns. Mit allem, was wir hatten, winkten wir, schrien laut in den Nachthimmel hinauf, um auf uns aufmerksam zu machen. Der Hubschrauber drehte wieder ab, kam noch einmal auf uns zugeflogen, ehe er abermals abdrehte und davon flog. Wieder waren wir allein in der unendlichen Stille der Nacht. Ich hatte furchtbare Angst, fing an zu beten, denn das Boot füllte sich zusehends mit immer mehr Wasser.

Erleichterung brachte uns wieder die Sonne, als diese aufgegangen war und ihre wärmenden Strahlen über uns ausbreitete. Dennoch hatte jeder im Boot Angst. Weit und breit kein einziges Schiff zu sehen, niemand, der uns helfen konnte. Hunger und Durst quälten mich und dann die Angst, ertrinken zu müssen. Ich war mir sicher, dass jeder im Boot dieselben Gedanken hatte. Apathisch saß ich da und war dem Meer, den Wellen vollkommen ausgeliefert. Wohin führte mich überhaupt dieses Boot? Wohin ging die Reise? Manchmal setzte der Motor aus, auch schon einmal für längere Zeit, ehe jemand diesen wieder in Gang setzen konnte.

Und dann kam schon die dritte Nacht. Keiner konnte auch nur für eine Minute die Augen schließen. Jeder betete, egal ob Christ oder Muslim. Was konnte denn auch in dieser ausweglosen Situation sonst noch helfen? Den darauf folgenden Tag döste ich so vor mich hin, als ich plötzlich aufgeregte Stimmen hörte. Es muss gegen Nachmittag gewesen sein: „Ein Schiff! Ein Schiff!" Alle riefen: „Help us!" Langsam drehte ich meinen Kopf hoch, blinzelte in die Sonne und sah tatsächlich ein großes, graues Schiff. Dieses stoppte die Fahrt, und unser kleines Fischerboot näherte sich ihm auf den hoch aufgewirbelten Wellen. In Wurfnähe wurden Wasserflaschen zu uns runter geworfen. Jeder wollte schnell trinken. Es gab beinahe Streit um die Flaschen. Unser Boot begann bedenklich hin und her zu schaukeln. Von unserem Rettungsschiff kam sogleich der Befehl: „Hinsetzen, alle setzen sich hin!" Und so geschah es auch. Einträchtig saßen wir alle wieder. Als nun unser Boot dicht genug an unserem großen Rettungsschiff dran war, wurde eine Leiter runter gelassen. Einer nach dem anderen verließ nun unser Boot, das nie seetüchtig gewesen war. Auch ich wollte diese Leiter hochsteigen. Doch zuvor musste ich aufstehen und in dem schaukelndem Boot Halt finden. Das fiel mir sehr schwer. Ich war etwas unsicher, da ich total übermüdet war. Ganz schlecht konnte ich mich auf meine Bewegungen konzentrieren.

Die Rettung

„Gerettet! Gerettet! Gerettet!" Ich war überglücklich. Meine Lebensretter waren Weiße, wie ich schnell erkannte. Dennoch war ich ein bisschen verstört. Was waren das für Menschen? Sie trugen keine Uniformen. Sie sprachen eine Sprache, die ich nicht verstand. Erst als ich einen anderen Flüchtling fragte, was dies für ein Schiff sei, erhielt ich die Antwort, es sei ein italienisches. Ich konnte es aber immer noch nicht glauben und fragte deshalb noch zur Sicherheit ein Besatzungsmitglied, das mir antwortete: „Ja, wir fahren nach Italien." Und dann sah ich tatsächlich auch die italienische Flagge auf dem Schiff wehen, frei tanzte sie im Fahrtwind. Als erstes musste ich Wasser trinken. Etwas Schokolade und ein kleiner Snack halfen mir gegen den Hunger. Und ein grenzenloses Gefühl, gerettet zu sein, in Sicherheit zu sein, übermannte mich! Das war ein so unbeschreibliches, großes Gefühl! Ich konnte es noch immer nicht glauben, bald Italien zu erreichen und dort an Land gehen zu dürfen. Nach 1,5-stündiger Fahrt erreichte das Schiff den Hafen von Lampedusa. Aber noch durfte niemand von uns Flüchtlingen von Bord. Erst musste ich mich in einer langen Reihe anstellen: Ich wurde registriert, das heißt, mir wurden Fingerabdrücke genommen, ich musste die Fragen zu meinem Heimatland, zu meinem Vor- und Nachnamen beantworten. Auch gab ich wahrheitsgemäß meinen Geburtstag an. Erst nach dieser Registrierung durfte ich von Bord, als ein Glied in einer langen Kette, bestehend aus erschöpften Flüchtlingen. In diesem Zustand konnte ich die Tragweite dieser Registrierung überhaupt nicht ermessen. Außerdem hätte ich mich dieser auch gar nicht entziehen können. Ich hatte Italien erreicht und somit Europa und war genau deren Rechten und deren Gesetzgebung von nun an unterworfen. Ich aber konnte mir in diesem Augenblick des Gerettet-Seins in keiner Weise ausmalen, welche Folgen dies für mich später noch haben sollte. Italien hatte mich aufgenommen und sollte nach europäischem Recht (Dublin-Abkommen) mir nun eine Heimat werden.

Als ich die Gangway hinunter schritt, sah ich drei Busse, die wohl für uns bereit standen und auf uns warteten. Langsam, beinahe Schritt für Schritt, zog mich das Land an. Und als ich meinen Fuß zum ersten Mal in meinem Leben auf italienischen Boden setzte, hatte ich ein ganz wunderbares Gefühl: Jetzt in diesem europäischen Land gibt es Menschenrechte, Gesetze, die mir sicher ein gutes Leben versprechen würden. Ich war einfach nur glücklich!

Die Busse brachten uns in ein sehr großes Auffanglager. Dort traf ich auf Massen von Menschen unterschiedlicher Nationalitäten. Ich bekam ein Paar Schuhe, eine Hose und ein Sweatshirt. Ein Schlafplatz wurde mir zugewiesen. Doch weil die Häuser derart überbelegt waren, nahm ich meine Matratze und suchte mir im Freien einen Platz zum Schlafen.

Als ich am anderen Tag das Lager erkundete, traf ich so beim Umhergehen wieder einen Mann, der mit mir in unserem Fischerboot die gefährliche Flucht über das Mittelmeer überstanden hatte. Ich sprach ihn an: „Du warst doch der Mann, der so jämmerlich geweint hat!" Jetzt musste dieser herzhaft lachen, schämte sich keineswegs seiner Tränen in dieser schier ausweglosen Lage, dem Tod näher als dem Leben. Dieses Leben brachte ihn nun zum Lachen. Es entwickelte sich dann ein Gespräch, in dessen Verlauf ich sein Herkunftsland erfuhr. Aber über den genaueren Verlauf seiner Flucht schwieg er sich aus. Er wird wohl seine Gründe dafür gehabt haben.

Das Essen im Lager war für mich sehr gewöhnungsbedürftig: Nudeln mit Gemüse. Tomaten, Karotten, Zwiebeln und Zucchini waren bunt zusammengewürfelt wie wir Flüchtlinge. Das schmeckte mir nicht. Deshalb aß ich nur die Nudeln, Brot ergänzte meinen Speiseplan. Mit einem Mann, mit dem ich mich bald angefreundet hatte, konnte ich Lebensmittel tauschen. Ich wurde satt. Meinen Durst löschte ich mit Wasser, das aus dem Wasserhahn floss.

Mein Leben in Italien

Eines Tages, es waren wohl sieben Tage vergangen, wurde mir mitgeteilt, dass ich in ein anderes Lager verlegt werden würde. Früh am Morgen bestieg ich einen Bus, der mich wieder zum Hafen brachte. Dort wartete bereits ein großes Schiff. Dieses strahlte Sicherheit aus. Und somit ging ich beinahe leichtfüßig, ganz ohne Furcht an Bord. Ganze zehn Stunden dauerte meine Schiffsreise. Abends, die Sonne war gerade am Untergehen, lief das Schiff in den Hafen von Palermo ein. Wieder standen Busse bereit, ich wurde in dieser nächtlichen Fahrt nach Mineo, Richtung Catania, gebracht: Ein hohes, stabiles Metalltor wurde geöffnet. Mein Bus näherte sich schmucken, zweigeschossigen Häusern, die sich mit ihren rötlichen Dächern ganz der Umgebung angepasst hatten. Nichts als rötlich-braune Erde rund ums Lager, das ab dem Jahr 2000 Angehörige von amerikanischen Soldaten bewohnt hatten. Diese hatten in der ca. 30 km entfernten Nato-Basis „Sigonella" ihren Dienst verrichtet. Ende März 2011 wurde diese Siedlung jedoch aufgegeben und nunmehr mit Flüchtlingen belegt und zwar mit einigen tausend. Und plötzlich war ich einer von ihnen und mittendrin.

Männer, Frauen, Kinder, ganze Familien waren hier untergebracht in einem Lager mit riesigen Ausmaßen. Ich fühlte mich verloren in dieser Masse von Menschen aus Mali, Gambia, Nigeria, Kamerun, Eritrea, Somalia, aber auch aus Pakistan, Bangladesch und Afghanistan. Waren es an die 5.000 Flüchtlinge? Dieses riesige Lager Mineo lag eingebettet, umgeben von Natur pur. Kein Dorf, keine weitere menschliche Siedlung weit und breit. Nur die Berge schauten ungläubig zu uns herunter, konnten nicht verstehen, was sich da zu ihren Füßen für ein Menschengetümmel auf so engem Raum angesammelt hatte.

Dicht an dicht gedrängt standen unzählige dieser zweigeschossigen Häuser nebeneinander, von Straßen durchzogen, eingerahmt von einem hohen Metallzaun. Es glich einem Dorf, vielleicht sogar einer kleinen Stadt, vollkommen isoliert von jeder weiteren Zivilisation.

Zusammen mit zwei Männern aus Nigeria, drei aus Somalia und einem aus dem Senegal lebte ich in einem Zimmer, sechzig Menschen in einem Haus. Ich musste nicht hungern, es gab genügend zu essen. Aber immer nur Nudeln, dreimal am Tag: Morgens, mittags und abends. Da meine Mitbewohner und ich dies zwar einige Wochen ertragen konnten, aber nicht länger, überlegten wir, was wir ändern könnten. Schließlich legten wir zusammen und kauften uns dann im Lagerladen eine elektrische Kochplatte, einen Topf und entsprechende Lebensmittel wie Reis, Kartoffeln, Erdnussbutter und meinen geliebten chinesischen, grünen Tee, den ich mir noch heute auf die traditionelle arabische Art zubereite. Zunächst wurde der Reis gekocht und danach die Erdnusssoße. Wir mussten eben improvisieren. Einen großen Teller und Plastikbesteck erhielten wir bei der Essensausgabe. Meinen Beitrag für die Lebensmittel erhielt ich durch den Tauschhandel mit Zigaretten, die alle zwei Tage ausgeteilt wurden. Ob eine Zigarettenfirma diese wohl sponserte? Für mich jedenfalls wurden die Zigaretten zu einer Tauschwährung, da ich nicht rauchte.

Meine Mitbewohner gaben mir ein ganz besonderes Gefühl, das ich zwar kannte, das ich aber bereits weit in der Vergangenheit wähnte. Nur noch schemenhaft konnte ich mich daran erinnern:

Ein Gefühl von Geborgenheit, Zusammengehörigkeit, von Familie! Wir redeten, verbrachten die Zeit miteinander, spekulierten über unsere weiteren Lebenswege, unsere Zukunft. Europa war einst sehr weit weg gewesen für mich, als ich noch in Gambia so manches Mal etwas im Fernsehen darüber sah. Doch jetzt war ich ein Teil von Europa. Ich konnte nicht begreifen, nicht fassen, wohin mich der Wind, das Meer gespült hatte!

Wie sah nun mein Alltag in diesem Lager aus? Ich fieberte regelrecht dem sehr unregelmäßig stattfindenden Unterricht entgegen. Lief es gut, konnte ich an drei Tagen in der Woche italienisch lernen. Mein ganzes Leben lang war ich es gewohnt zu arbeiten, und jetzt sollte ich nur die Zeit tot schlagen. Das ist nicht mein Naturell. Es gab keine Arbeit, ich wurde nur verwahrt. Ausschließlich Einheimische verrichteten die anfallenden Arbeiten im Lager.

Einmal erlebte ich im Lager eine Demonstration. Dabei wusste ich nicht, für was die Insassen eintraten, vielleicht für besseres Essen? Als einmal Journalisten zu Gast waren und das Lager besichtigten, da gab es gutes Essen, an genau diesem Tag. Heute soll sich einiges zum Besseren gewendet haben: Es gibt meinen geliebten und von Zuhause gewohnten Reis, trocken und die Soße wird extra gereicht.

Nach etwa einem Jahr in diesem Lager spürte ich die ganze Wucht der Antipathie des Sicherheitspersonals gegen uns Flüchtlinge. Oder war es nur Unzufriedenheit bei einer Tätigkeit, die einen nicht ausfüllte? Auf jeden Fall stand ich wieder einmal an, um diese Nudeln zu bekommen, als ich plötzlich einen heftigen Schmerz an meiner linken Stirn spürte. Was war passiert? Es wollte sich jemand in der Warteschlange vordrängeln. Daraufhin gab es einen kleinen Tumult, eine lautstarke Auseinandersetzung, in dessen Verlauf ich von einem Sicherheitsangestellten mit einem Schlagstock einen kräftigen Schlag auf den Kopf bekam. Ich blutete stark, wurde von meinen umstehenden Lagerinsassen versorgt. Diese leisteten mir erste Hilfe, wischten mir das Blut ab und begleiteten mich zur Krankenstation. Lediglich ein Arzt und eine Krankenschwester kümmerten sich um all die vielen tausend Flüchtlinge. Dort wurde meine Wunde mit einem Pflaster versorgt. Gegen die starken Kopfschmerzen bekam ich Schmerztabletten. Als ich wieder in meinem Zimmer war, legte ich mich gleich ins Bett und versuchte zu schlafen. Doch dies gelang mir nicht. In meinem Kopf hämmerten und schlugen unbekannte Lebewesen aufeinander ein. Besonders unter der starken Sonneneinstrahlung liefen diese zur Hochform auf. Leider gesellten sich zu den starken Kopfschmerzen auch noch Zahnschmerzen. Ich hatte wohl drei Löcher. Karies nagte an meinen Zähnen. Zu allem Übel rebellierte zwei Wochen lang auch noch mein Magen. Ich konnte mich noch wage daran erinnern, dass ich als Kind auch öfters Bauchschmerzen hatte. Auch jetzt bereitete ich mir eine einfache Medizin zu, die mich nach zwei Wochen kurierte: Etwas Salz und Zucker in Wasser gelöst und langsam getrunken.

Da meine Zahnschmerzen immer stärker geworden waren und mir mein Kopf noch immer schmerzte, suchte ich wieder und immer wieder die Krankenstation auf. Doch außer der Verabreichung von Schmerztabletten bekam ich keinerlei Hilfe oder Behandlung. Kurz nach meinem letzten Besuch in der Krankenstation wurde ich angewiesen, das Lager zu verlassen. Ich konnte mir das nicht erklären. War ich nun einfach nur lästig geworden? Immerhin öffnete sich für mich im September 2014 ganz überraschend das Tor des Lagers und entließ mich in die Freiheit.

Wieder einmal war ich frei. Aber völlig allein stand ich nun auf der anderen Seite des Lagerzauns. Es war nachmittags gegen 15.00 Uhr. Trotz meiner ständigen Schmerzen war ich glücklich, diesen Menschenmassen endlich entkommen zu sein. Ich ging frohen Muts die geteerte Zufahrtsstraße entlang und bog dann ab auf die Hauptstraße, die in Richtung Catania führt. Ich trampte und schon nach kurzer Zeit hielt ein PKW an. Ein Mann saß am Steuer und fragte mich, wohin ich wolle. Ich nannte mein Ziel: Catania. Und dort, am Busbahnhof im Zentrum der Stadt, ließ mich der Fahrer aussteigen. Es dämmerte bereits. Und so musste ich mir einen Platz für die Nacht suchen. Ich hatte gerade einmal 15 € bei mir, mein ganzes Vermögen. Wieder war ich auf mich allein gestellt, musste nun mein Leben selbst organisieren. Dies war ich nicht mehr gewohnt und brauchte nahezu eine ganze Woche, um mich wieder zurechtzufinden. Ich schlief unter dem Vordach eines kleinen Ladens am Busbahnhof und verbrauchte mein Geld für Essen und Trinken. Während des Tages beobachtete ich die Reisenden, hing meinen Gedanken nach und wartete auf eine Eingebung oder einen glücklichen Zufall, der meinem Leben wieder eine neue Richtung geben könnte. Und diese kam dann auch. Vielleicht war meine Idee etwas verrückt. Ich wollte unbedingt nach Rom! Dazu müsste ich allerdings einen Zug nehmen.

Der Bahnhof für Züge war nicht weit entfernt von meinem Schlafplatz. Ich kam dort mit einem Herrn ins Gespräch, der mir den Fahrplan erklärte, mir sogar für 49 € eine Fahrkarte nach Rom kaufte. Er schenkte mir diese und half mir damit ein gutes Stück weiter.

So stand ich im Bahnhof von Catania auf Sizilien am Bahnsteig und sollte nun selbst in einen Zug einsteigen, auch noch in einen Schnellzug. Und das zum ersten Mal in meinem Leben. Noch nie zuvor war ich Zug gefahren. In Gambia gibt es nur Busse, Taxen und private PKW zur Fortbewegung. Aber ich hatte zuvor im Bahnhof die Züge beobachtet. Stundenlang konnte ich ungläubig diese Monster von Maschinen bestaunen, wie sie sich mit Reisenden füllten und diese auch wieder und immer wieder ausspuckten. Ich wunderte mich, wie die Züge angetrieben würden. Ob diese wohl gezogen werden? Über dem Zug bemerkte ich so sonderbare Verbindungen und konnte diese überhaupt nicht zuordnen. Dies waren meine Gedanken, kindlich naiv. Später erfuhr ich, dass daraus Strom gezogen wird, der die Motoren zum Laufen bringt.

Stolz, überwältigt von der Innenausstattung, thronte ich auf meinem Sitz, wie ein König reiste ich. Ich hatte einen eigenen bequemen Sitz und erinnerte mich, wie vollgestopft die Busse in Gambia stets sind. Ein dichtes Gedränge. Und nun saß ich am Fenster, rechts neben mir ein Mitreisender und vor mir ein kleiner Tisch, an dem ein Pärchen saß, also mir gegenüber in einem für mich recht angenehmen Abstand. Es war, als träumte ich. Aber es war Wirklichkeit, alles war real. Ich spürte, wie der Zug anfuhr. Aufgeregt war ich wie einst in der Schule vor einer Prüfung. Ich passierte das Gebiet um den Ätna mit seinen bis zu 200 Kratern. Heiße Dämpfe stiegen empor. Ich erinnerte mich, als ich vom Lager Mineo aus einen

Berg sah, der Feuer spie. Es musste wohl derselbe sein. Dann hielt der Zug an, ich hatte die Meerenge von Messina erreicht. Er näherte sich langsam einer Fähre. Behutsam fuhr der Zug auf diese. Wiederum ein erhabenes Gefühl: Im Zug über das Meer! Dann wieder an Land, kam plötzlich die nächste Überraschung. Erst sah ich nur Berge und dann nur noch Schwarz um mich herum. Ich war verwundert, was mir die große weite Welt nun wieder Neues zu bieten hatte! Als ich noch so meinen Gedanken nachhing, sah ich es schon wieder heller werden. Berge und der Blick aufs Meer wechselten sich ab, dazwischen kleinere Bauernhöfe mit ihren Plantagen. Schließlich dämmerte es. Ich aß ein Gebäckstück und trank Cola dazu, das war mein ganzer Reiseproviant. Um den aufsteigenden Hunger nicht zu spüren, ließ ich mich von dem Zug in den Schlaf schaukeln. Auf diese Weise konnte ich einen Teil der Nacht verbringen. Morgens gegen 10.00 Uhr kam ich dann im Hauptbahnhof in Rom an.

Unsicher und dennoch froh, mein Ziel erreicht zu haben, betrachtete ich die Menschen, die in dem Bahnhofsgebäude auf dem Weg zur Arbeit waren. Alle waren topmodisch und chic gekleidet. Als ich den einen oder anderen Herrn ansprach, ließen mich alle stehen. Also ging ich raus auf den Bahnhofsvorplatz. Da erblickte ich doch tatsächlich einen Schwarzafrikaner, auf den ich hoffnungsvoll zu ging. Doch leider konnte mir dieser nicht weiterhelfen. Alle Schlafplätze, die er kannte, waren bereits belegt. Ich sollte es doch einmal am Busbahnhof versuchen. Dort könnte ich eher Hilfe und Unterstützung bekommen. Wiederum beobachtete ich dort die Reisenden, doch keiner bat mir Hilfe an. Plötzlich sah ich wieder einen Schwarzen, mit dem ich schließlich in ein Gespräch kam. Dieser erzählte mir, dass er in Deutschland gewesen war. Er wollte dort um Asyl ersuchen, wurde aber wieder ausgewiesen. Nun müsste er sich irgendwie durchschlagen und hätte in Rom auch selbst keinen Schlafplatz.

Diese Begegnung sollte meiner Flucht und Weiterreise eine ganz neue Richtung geben: Ich hatte in Rom keine Zukunft, deshalb wollte ich weiter nach Deutschland! Ich hatte mich entschlossen, genau diesen Weg einzuschlagen. Jeden Tag war ich jetzt am Hauptbahnhof und bettelte. Ich musste mir das Geld für die Fahrkarte beschaffen. Während meines Aufenthalts in dieser für Touristen und Pilger so wunderschönen Stadt ernährte ich mich von Abfällen. Ich durchwühlte Abfall- und Mülleimer, um nicht verhungern zu müssen. Gutes Trinkwasser konnte ich mit dem Wasserstrahl von einem der vielen Brunnen trinken. Schlafen musste ich auf der Straße. Ich war obdachlos und ein Bettler. Als ich nach einigen Wochen schon 85 € zusammen hatte und wieder an meinem angestammten Platz bettelte, sprach mich ein Mann an. Dieser hatte mich schon die ganzen Tage zuvor beobachtet. Ich erklärte ihm in kurzen Sätzen, woher ich käme und wohin ich wolle. Daraufhin half mir eben dieser Herr weiter. Ich gab ihm meine 85 €. Er kaufte mir davon eine Zugfahrkarte von Rom nach Stuttgart.

Als ich nun in den Intercity nach Mailand einstieg, wusste ich in etwa, was mich erwarten würde. Dennoch war ich sehr verunsichert, weil ich nach Stuttgart reisen würde, nach Deutschland, in ein Land, das ich nicht kannte. Eben nur so viel, dass ich dort vielleicht Asyl bekommen könnte, wie mir mein Bekannter in Rom erklärt hatte. Deutschland würde mehr für mich tun als Italien, mir eventuell ein Bett zur Verfügung stellen. Ich würde mich nicht mehr von Abfällen ernähren müssen. Die Reise verlief trotz meiner großen Unsicherheit sehr angenehm. Neben mir saß ein Mann, dem ich meine Fahrkarte zeigte und ihn fragte, wie ich nun nach Stuttgart gelangen würde. Dieser erklärte mir, dass ich in Mailand umsteigen müsse, das heißt, ich müsse genau dort aussteigen und in einen anderen Zug wieder einsteigen. Und das tat ich dann auch, mitten in der Nacht.

Wieder fragte ich mich durch, was zunächst ganz schön schwierig war. Die Menschen in Mailand hasteten durch den Bahnhof, auch nachts. Ich war dies gar nicht von Afrika gewohnt. Dort lassen die Leute alles gemächlich und in Ruhe angehen. Schon im Bahnhof von Rom erschien mir diese ganze Szenerie befremdlich. Dann erblickte ich eine Frau, die ruhig da stand, wohl auch auf etwas oder jemanden wartete. Diese sprach ich an und erhielt Auskunft. Sie erklärte mir, auf welchem Bahnsteig und wann der Eurocity nach Zürich fahren würde. Noch hatte ich Zeit, stand allein so herum und war dann sehr überrascht, als mich ein sehr gut gekleideter Herr ansprach. Er hatte mich schon längere Zeit beobachtet: Allein, schwarz. Wer sollte ich sein? Woher wäre ich wohl gekommen? Was hatte mich nach Mailand verschlagen? Ich stellte mich mit meinem Namen vor, erzählte in kurzen Zügen von meiner Reise aus Gambia. Er wiederum nannte mir auch seinen Namen, dann kaufte er uns beiden jeweils eine Tasse Kaffee und ein mit Tomaten, Salat und Mozarella belegtes Panini, dieses längliche Brötchen. Ich war unendlich dankbar, wieder einen freundlichen, hilfsbereiten Menschen getroffen zu haben in dieser so unmenschlichen, gefährlichen Welt!

Mit dem modernen Eurocity fuhr ich nun Richtung Norden. Ich setzte mich auf den nächstbesten Platz. Zum Glück sprach mich schnell ein Mitreisender an und fragte mich nach meinem Fahrschein. Ich war etwas verwundert, doch ich gab ihm meine Fahrkarte. Freundlich wies er mich darauf hin, dass ich in der ersten Klasse sitzen würde. Ich müsse in die zweite Klasse gehen, wenn ich keine Probleme bekommen wollte. Das tat ich dann sogleich und bedankte mich für diesen Hinweis. Jetzt hatte ich wieder etwas gelernt: In Europa gibt es in den Zügen zweierlei Klassen. Der Tag war angebrochen, und ich reiste nach Zürich. Schon bald bestaunte ich die hohen Berge, deren Gipfel wolkenverhangen sich meinen Blicken entzogen. Regentropfen tanzten an den Fensterscheiben. Mein Körper schrie nach Ruhe, Schlaf und Entspannung. Aber meine Gedanken kreisten immer wieder um dieselben Fragen: Würde mich dieser Zug in eine bessere Zukunft bringen? Und wenn ja, wie würde diese überhaupt aussehen? Dazu kam mein Hunger, und auch mein Durst konnte nicht gestillt werden. Die Zugfahrt dauerte für mich eine gefühlte Ewigkeit. Es ging für mich zu langsam vorwärts, trotz Schnellzug, denn dieser musste immer wieder für längere Zeit anhalten.

Endlich gegen Abend erreichte ich Zürich. Wieder stand ich mutterseelenallein zwischen vielen Reisenden in einem mir fremden Bahnhof in einem mir unbekannten Land. Ein Mitreisender verwies mich noch eilig auf den Auskunftsschalter. Schnell fand ich das große „I" und stellte mich hinten an der Warteschlange an. Freundlich bediente mich eine Angestellte, schrieb mir die Zugverbindung nach Stuttgart auf und auch den entsprechenden Bahnsteig. Nach etwa dreißig Minuten saß ich im Zug nach Deutschland. Oder war ich bereits in Deutschland?

Ich konnte Zürich nicht zuordnen.

Deutschland - mein neues Zuhause

Es war später Abend und dunkel. Die Dunkelheit war rund um mich herum, die Leute schliefen, beleuchtete Städte sah ich kaum. Schnell bahnte sich der Nachtzug seinen Weg durch die dunkle Landschaft, mollige Wärme umgab mich. Ich wähnte mich meinem Reiseziel immer näher. Eine freudige Erregung, gepaart mit Unsicherheit, stieg in mir auf. Der Mann, der links neben mir saß, musste auch in Stuttgart aussteigen. Dies half mir wieder und gab mir die Sicherheit, den Zug im richtigen Bahnhof zu verlassen.

Endlich hatte ich Stuttgart erreicht! Ich war glücklich, auch wenn es mitten in der Nacht war und mich Durst, Hunger und Müdigkeit quälten. Auf einer Bank ruhte ich mich zunächst aus und ließ die ganzen Gefühle, die mich übermannten, sich erst einmal setzen. Für kurze Momente nickte ich auch ein. Der Tag war angebrochen. Immer mehr bevölkerte sich der Stuttgarter Hauptbahnhof. Berufstätige wollten zu ihrer Arbeit. Ich kam mit einem Mann ins Gespräch, dem ich in englisch mitteilte, dass ich in Deutschland Asyl beantragen wollte. Ich wüsste aber nicht, wohin ich mich nun wenden müsste. Dieser Herr konnte mich nur schlecht verstehen. Als sich dieser dann verabschiedete, sprach mich unversehens eine jüngere Frau an, ob sie mir helfen könne. Ich hatte sie nicht bemerkt, weil sie hinter mir gestanden war. Sie aber hatte die ganze Zeit unser Gespräch verfolgt. Somit wusste diese Frau schon ein bisschen Bescheid, was mein Problem war. Schnell erklärte ich ihr noch einmal meinen Wunsch. Sie ging mit mir zum Fahrkartenautomaten und kaufte doch tatsächlich für sich und für mich jeweils eine Fahrkarte nach Karlsruhe. Dieser Engel, der mir so früh am Morgen begegnet war, kannte sich in Karlsruhe gut aus. Als wir im Bahnhof angekommen waren, stiegen wir in eine Straßenbahn um. Meine Begleiterin führte mich zum Eingang der Landeserstaufnahmeeinrichtung für Flüchtlinge und bat mich, nun rein zu gehen. Ich war gerührt von so viel Hilfsbereitschaft. Sicher musste diese Frau zur Arbeit, hatte Zeit und Geld für mich gegeben. „Danke! Danke! Danke!"

Und dann wollte ich durch das große Tor des Erstaufnahmelagers gehen. Doch das ging nicht. Ein Sicherheitsangestellter wollte meinen Ausweis sehen, den ich natürlich nicht hatte. Ich erklärte ihm, dass ich gerade erst in Deutschland angekommen sei und Asyl beantragen möchte. Der Mitarbeiter zeigte mir ein kleines Häuschen, und ich ging hinein. Hier nun bekam ich gleich ein Formular, in das ich meine Personalien eintrug. Mittlerweile war es Mittag geworden. Ich bekam neben Essensmarken einen Trinkbecher, Besteck und Bettwäsche, Seife, Zahnbürste, Zahnpasta, Shampoo. Als ich zügig meinen Hunger gestillt hatte und mir zwischenzeitlich ein Bett zugewiesen worden war, legte ich mich schlafen. Mein ausgemergelter Körper und mein Geist holten sich nun die Ruhe, auf die sie in den letzten Tagen so sehr verzichten mussten. Ich schlief nahezu zweiundzwanzig Stunden am Stück!

Als ich gegen 11.00 Uhr wach wurde, hatte ich natürlich das Frühstück verschlafen. Aber das Mittagessen wartete auf mich in dem Speisesaal, einem großen Raum mit vielen Tischen. Suppe mit Brot und Tomaten, dazu Früchtetee. Hier stärkte ich mich und kam das erste Mal mit anderen Flüchtlingen ins Gespräch u.a. mit einem Mann aus

Somalia, der etwas älter war als ich. Noch heute habe ich Kontakt zu ihm und wir chatten oft miteinander. Nach zwei Tagen wurde ich in ein kleineres Flüchtlingslager verlegt, in dem ich zwei Wochen lang wohnte. Ich wusste nicht, warum ich umziehen musste. Vielleicht war das Erstaufnahmelager auch nur überfüllt.

Als ich dann wieder in die Landeserstaufnahmeeinrichtung für Flüchtlinge kam, wurden genauere Einzelheiten zu meiner Person, eine Befragung und eine Gesundheitsuntersuchung durchgeführt, mit deren Ergebnis ich recht zufrieden war. Ich war gesund, trotz all dieser Strapazen auf meiner so langen und gefährlichen Flucht. Auch Fingerabdrücke musste ich abgeben. Dies gehört routinemäßig zu jeder Erfassung dazu. Wichtig war für mich auch, dass ich mit warmer Winterkleidung eingedeckt wurde: Eine Winterjacke, eine Hose, Schuhe, zwei Pullover, zwei Paar Socken. Ich schlief in einem 8-Bett-Zimmer, das meist voll belegt war. Neben meinen Zimmergenossen bekam ich noch Kontakt zu einem Schwarzen, der im Speisesaal für das Abräumen und Säubern der Tische verantwortlich war. Ich hatte ihn bei seiner Arbeit beobachtet, seine Bewegungen, seine Mimik und seinen Akzent studiert. Ich sprach ihn an und erfuhr, dass er tatsächlich auch aus Gambia stammte. Dieser afrikanische Flüchtling war schon drei Monate im Lager, was außergewöhnlich lang war. Warum? Er wurde keinem anderen Landkreis zugewiesen, weil er vielleicht im Lager eine verantwortungsvolle Tätigkeit verrichtete, gewissenhaft und bereit, jeden neuen Mitarbeiter gründlich anzuleiten. Dieser Gambier wurde dort gebraucht. Die Arbeit erstreckte sich aber auch auf Mithilfe in der Küche: Gefüllte Behälter an die Ausgabestelle tragen, den Wasserspender immer hygienisch sauber halten. Dieser Flüchtling aus Gambia wurde nun mein Vorgesetzter. Auf diesem Weg kam ich wieder zu Arbeit, die mir sehr viel Spaß machte. Nichtstun ist eben nichts für mich. So hatte ich die ganzen fünf Wochen Arbeit: Von 7.00 - 10.00 Uhr , von 12.00 - 16.00 Uhr und von 18.00 - 21.00 Uhr täglich. Durch diese Arbeit verdiente ich auch zum ersten Mal deutsches Geld, meine ersten selbst verdienten Euro: 7,50 € jeden Tag. Dazu kam auch noch, dass ich anderes, besseres Essen bekam. Hin und wieder eine Banane oder auch einen Zuschlag, wenn es Hähnchen gab.

Nach der medizinischen Untersuchung musste jeder Insasse damit rechnen, das Lager zu verlassen und auf einen Landkreis verteilt zu werden. Ich wusste nicht, wie diese Umverteilung im Lager organisiert war. Ich hatte lediglich beobachtet, dass immer viele Menschen vor einer großen Tafel standen, mit vielen Namen darauf. Mein „Vorgesetzter" erklärte mir eines Tages, dass er meinen Namen auf eben dieser Liste gefunden hätte. So erfuhr ich, dass ich in der kommenden Woche das Lager verlassen sollte. Es war am 16.11.2014, an einem Donnerstag. Verknüpft mit der Hoffnung, dass sich mein Leben weiter verbessern würde, packte ich meine wenigen persönlichen Sachen in meinen Rucksack, den ich bei der Kleiderausgabe erhalten hatte.

Ich verabschiedete mich bei meinen Mitarbeitern in der Küche und bei den Sicherheitsangestellten, mit denen ich auch zusammengearbeitet hatte. An der vorgegebenen Stelle erblickte ich den Reisebus, der für meine weitere Reise vorgesehen war. Heidenheim sollte mein Ziel sein. Mit einem weiteren Flüchtling aus Gambia, der auch mit in der Küche gearbeitet hatte, saß ich in dem großen Reisebus und wartete einfach ab, wohin man mich bringen würde. Mein Bus wartete noch auf ein weiteres Fahrzeug, das aus Mannheim kam, von einem anderen Lager. Es brachte weitere Gambier, die jetzt zu mir in den Bus stiegen. Und welche Überraschung! Einige Landsleute kannte ich bereits aus der Zeit, als ich kurz in dem kleinen Lager in Karlsruhe wohnte. Und dann noch etwas ganz Besonderes: Ein Flüchtling sprach mich an und fragte mich: „ Du warst doch auch in Mineo, dem Lager auf Sizilien?" Ich war überrascht, denn ich hatte mir sein Gesicht damals in diesem Menschengetümmel nicht eingeprägt. Es war eine echte Wiedersehensfreude! Alle hatten wir nun dasselbe Ziel: Heidenheim.

Der Bus fuhr im Lauf des Morgens los und versetzte mich erst einmal ins Staunen über die große Stadt. Ich hatte zwar schon einige Wochen in Karlsruhe gelebt, aber das jeweilige Lager nie verlassen. Autos, Menschen, die zu ihrer Arbeitsstätte hasteten, dann der Verkehr auf der Autobahn. Ich war erstaunt und besah alles mit den Augen eines Kindes, das die Welt erkunden will. Nachmittags erreichte unser Bus das Flüchtlingsheim in Heidenheim. Unterwegs hatten wir angehalten und noch Flüchtlinge in einem anderen Ort abgeholt, die ebenfalls in Heidenheim wohnen sollten. Als wir bei dem Flüchtlingsheim in Heidenheim angekommen waren, gab es plötzlich ein Problem: Für uns gab es keinen Platz! Wir erfuhren, dass wir an einen anderen Ort gebracht werden, 10 km entfernt. Weil der Reisebus bereits wieder weggefahren war, wurden wir nun in zwei privaten Autos (oder waren es Taxen?) nach Giengen gebracht. Dort erhielten wir erste Unterweisungen in der Hausordnung und für den restlichen Monat 200 € für unseren Lebensunterhalt. Bei der

Zimmeraufteilung wartete ich erst einmal ab. Zurückhaltend wie ich bin, drängelte ich mich nicht vor, stand etwas abseits und ließ zunächst die anderen die Zimmer belegen. Zum Schluss fragte ich dann schüchtern, ob dieses Bett noch frei wäre. So bekam ich als Bettnachbarn meinen Flüchtlingskollegen, den ich bereits auf Sizilien getroffen hatte. Ich war zufrieden.

Das Leben konnte weitergehen. Ich war in Sicherheit. Der Wind, die Wellen hatten mich nach Deutschland getragen. Mit meinen anderen Flüchtlingen aus Gambia lebte ich nun in einer Wohngemeinschaft, wie in einer Familie. Schon nach ein paar Tagen besuchten uns einige Mitglieder des Freundeskreises Asyl. Wir stellten uns gegenseitig vor, die ersten Kontakte mit der Giengener Bevölkerung waren hergestellt. Und es sollten nicht die letzten gewesen sein. Einige Tage später konnten wir uns in der Kleiderkammer bedienen. Die ersten von uns so herbeigesehnten Deutschstunden wurden ehrenamtlich erteilt. Es ging also aufwärts. Die Sprache ist das Wichtigste, um in einem neuen Land anzukommen. Bisher konnte ich mich gut auf meiner Flucht in Englisch verständigen. Doch jetzt gewährte mir Deutschland Schutz. Und ich wollte schnell deutsch lernen, um auch in Arbeit zu kommen, einkaufen zu können, mich auf Ämtern zurechtzufinden, um ein wertvolles Mitglied der Gesellschaft werden zu können.

Je öfter ich in der Stadt unterwegs war, um so mehr merkte ich, wie die Blicke der Menschen auf mir, einem Schwarzen, hafteten. Es ist sicher etwas anderes, einen Schwarzen im Fernsehen zu sehen und nun direkt vor sich, Auge in Auge. Ich wiederum sah fast nur Menschen mit heller Hautfarbe, Kinder, Junge und Alte. Es ist wohl eine neue Erfahrung für beide Seiten. So lächelte ich, begegnete stets freundlich meinen Mitmenschen. Einmal sprach mich eine junge Frau an, Schülerin eines Gymnasiums, die mich regelrecht ausfragte. Woher ich käme, wie ich hierher gekommen wäre. Es wurde eine nette Unterhaltung. Und es war für diese Schülerin so interessant, einmal nicht von einer Lehrkraft, sondern aus erster Hand Geografieunterricht, Unterricht in Gemeinschaftskunde, Ethik und aktueller Politik zu erhalten.

Meine erste Deutschstunde war schwer. Alles neu und so fremd. Ich fing an zu zweifeln, ob ich diese schwierige Sprache wohl irgendwann einmal lernen und beherrschen könnte. Aber schon in der nächsten Unterrichtsstunde war ich zuversichtlicher. Ich lernte das deutsche Alphabet, das mit dem englischen eine gewisse Ähnlichkeit hat. Und langsam bekam ich ein Gefühl für die Sprache. Ich lernte schnell lesen, und die richtige Aussprache war ja eigentlich leichter als die der englischen.

Eines Tages klingelte eine Frau an unserer Haustür. Sie sprach in die Sprechanlage, dass sie uns helfen wolle. Auch brächte sie uns warme Kleidung. Ein Mitbewohner ließ sie ein und aus einem ersten Gespräch heraus entwickelte sich eine ganz besondere Beziehung. Ich bekam einen Schal, Handschuhe und eine warme Mütze. Das war im Dezember zunächst auch sehr nötig. Doch genauso wichtig waren die menschlichen Begegnungen, die folgen sollten: Den Heiligen Abend in deutscher, christlicher Tradition als Muslim zu erleben mit deutschen, geflöteten Weihnachtsliedern. Die Pyramide drehte sich dabei sachte, beinahe meditativ im Kreis. Anschließend gab es afrikanisches Essen. Der Abend klang aus mit Tanzen nach unseren Reggae-Rhythmen.

Als Weihnachtsgeschenk erhielt ich einen Gutschein für einen Besuch in einem Hallenbad. Das war ein großartiges Erlebnis! Obwohl ich Nichtschwimmer bin, tauchte ich fröhlich im Nichtschwimmerbecken und tastete mich vorsichtig in Begleitung an den Wänden des Außenbeckens mit seinen Düsen entlang, meine Augen weit aufgerissen voll Ungläubigkeit. Ich spürte dieses Mal warmes Wasser, das meinen Körper umspülte und nicht das feindliche, kalte Meer, das mich so geängstigt hatte.

An Silvester war diese Frau wieder zu uns in die Wohnung gekommen. Dieses Mal hatte sie indische Fischsuppe und einen deutschen Gemüseeintopf mit Rindfleisch mitgebracht. Wir waren es in Gambia gewohnt, viel Fisch zu essen. Unser Fluss Gambia und der Atlantik waren voll davon. Um so mehr wunderte ich mich, dass Fisch in Deutschland so teuer ist und deshalb so gut wie nie auf meinem Speiseplan steht.

Diese deutsche Frau hatte mir natürlich auch gezeigt, wie ich geschickt, sprich preiswert, einkaufen kann. Dennoch vermisste ich besondere Lebensmittel, die ich aber in einem afrikanischen Laden in Ulm entdeckte. Ja Ulm, diese Fahrt dorthin war sehr aufregend für mich, denn es sollte um meine Zukunft in Deutschland gehen. Zu gern bereitete ich den stark gesüßten, grünen Tee zu, auf arabische Weise gekocht mit mehreren Aufgüssen. Diesen konnte ich in dem afrikanischen Laden kaufen, ebenso geriebene Erdnüsse und das rote Palmöl.

Eines Abends traf ich beim Volleyballspiel meine ersten Sportsfreunde in meiner neuen Heimat. Dieselbe Frau hatte dies organisiert. Es sollte nicht lange dauern, und die ersten Berührungsängste waren von beiden Seiten beiseite geschoben worden. Einige meiner Sportsfreunde besuchten mich in unserer Wohnung. Die Weißen konnten ihr Englisch anwenden, und wir Schwarzen brachten unsere Kultur ein, wobei der Sport Mittler war zwischen Rassen, Kontinenten, Deutschen und Flüchtlingen. Er trug eben zur Völkerverständigung bei.

Da ich auch gern Fußball spiele, konnte ich in einer kleinen Sporthalle mit meinen ebenfalls fußballbegeisterten Mitbewohnern unter Anleitung eines Fußballtrainers spielen. Es war die Religion, die uns zusammenführte. Denn es ist ein türkischer Fußballverein, der uns unterstützt. Da ich schon in Gambia die deutsche Bundesliga neben anderen europäischen Spitzenvereinen und Ligen verfolgt hatte, schaute ich mir manchmal mit Mitbewohnern Fußballübertragungen in einem Lokal an.

Noch lag draußen Schnee, den ich das erste Mal in meinem Leben sah und fühlte, nass und kalt. Warm hingegen war es in den Räumen der „AWO", der Arbeiterwohlfahrt. Neben dem morgendlichen Deutschunterricht, erteilt von einem liebenswerten Herrn, erhielt ich nun zusätzlich noch professionellen Unterricht, so richtig mit Buch und Hausaufgaben. Und das dann dreimal die Woche. Abends war ich erschlagen. Zu oft nickte ich ein, wenn ich mich nur kurz ausruhen wollte. Ich war das Lernen nicht mehr gewohnt, auch nicht in dieser Konzentration. Aber es tat mir gut. Von Woche zu Woche wurde ich sicherer, mein Selbstbewusstsein stieg, und mein Blick in die Zukunft wurde immer rosiger. Wenn ich erst einmal gut und sicher deutsch sprechen und verstehen könnte, ja, dann würde ich sicher auch bald Arbeit finden können. Zu gern möchte ich auf eigenen Beinen stehen, vielleicht mit jemandem in einer eigenen, kleinen Wohnung leben, eigenes Geld verdienen und in Deutschland Steuern zahlen.

Diesem Land, das mich derzeit so großzügig unterstützt mit einer warmen Wohnung und Geld, das mir für mein bescheidenes Leben reicht. Sicher sehe ich beim Einkaufen im Supermarkt die Regale, die mit den unterschiedlichsten Waren in einer Fülle bestückt sind, wie ich es so noch nie gesehen habe. Doch ich beschränke mich beim Einkaufen auf nur wenige Lebensmittel. Ich halte mich an die einfachen afrikanischen Gerichte, basierend auf Reis, Zwiebeln, Kartoffeln, Erdnussbutter und Hähnchen und trinke weitgehend weiter Leitungswasser und Tee.

Mir und meinen Mitbewohnern wurden immer wieder Kleidungsstücke, Bettwäsche zum Wechseln, Handtücher und Küchenutensilien geschenkt. Dabei waren oft Änderungen nötig. Wir sind beinahe alle sehr schlank und haben dünne Beine. Deshalb wies ich eines Tages diese Frau vom Freundeskreis Asyl, die mir von Anfang an zur Seite gestanden hatte, an, an welcher Stelle sie die eine oder andere Hose einige Zentimeter enger nähen sollte. Mir war dabei nicht aufgefallen, dass diese Frau mich ganz genau in meinen Ausführungen beobachtet und dabei ihre Rückschlüsse gezogen hatte.

Denn eines Tages brachte sie mir eine elektrische Nähmaschine, Stoffreste, Garn und eine Stoffschere. Sie wies mich ein, und schnell freundete ich mich an mit diesem wunderbaren Gerät. Aus dem Kopf schnitt ich Stoffteile zu, setzte diese geschickt und flink aneinander und beglückte einige meiner Mitbewohner mit afrikanischen Hemden. Auch Hosen nähte ich. Bei einem der vielen Besuche ließ ich bei eben dieser Frau von einem Mitbewohner Maß nehmen. Ich brauchte lediglich ihre Ober- und ihre Hüftweite. Dann legte ich los. So wurden aus einigen Metern Spitze und 16 Teilen eine afrikanische Bluse mit einem passenden Wickelrock dazu. Ich habe nicht viel Geld, doch wollte ich ihr für all ihre Unterstützung ein Geschenk machen, ein ganz persönliches. Die Emotionen bei der Übergabe waren bei uns beiden sehr groß.

Ich hatte ein neues Zuhause in Deutschland gefunden und richtete mich gefühlsmäßig ein, an eine Zukunft in diesem Land zu denken. Da erreichte mich eines Tages ein ganz dicker Brief: In diesem gelben DIN A4 - Umschlag wurde mir meine ganze Akte vom Flüchtlingsamt aus Karlsruhe geschickt. Ich ahnte nichts Gutes, verstand das Anschreiben überhaupt nicht und blätterte weiter. Erst als sich diese mich unterstützende Frau neben mich gesetzt, alles mehrfach durchgelesen hatte und ihr Gesichtsausdruck immer ernster wurde, da verstand ich: Dieses Amt informierte mich, dass ich bis August Deutschland verlassen müsste! Wie sollte ich dies einordnen? Warum? Was hatte ich mir zu Schulden kommen lassen?

Ich war nach Europa gekommen, wurde von einem italienischen Schiff auf dem Mittelmeer an Bord genommen und war damit in einem sicheren Land angekommen. Nach den Dublin-Verträgen muss ich nun in diesem Erstaufnahmeland leben! Mir stiegen die Tränen in die Augen, aber nicht nur mir! Gleichzeitig wurde ich aber auch wütend, zornig, was meinem ruhigen Naturell gar nicht entspricht. Sollte ich wieder auf der Straße leben und mich von Abfällen ernähren? Diese Frau neben mir war die erste, die die Fassung wieder fand. „Wir haben noch Zeit, ich werde mich informieren", das waren ihre beschwichtigenden Worte. Tatsächlich studierte sie das italienische Asylrecht, besprach sich mit anderen Ehrenamtlichen, die in der Flüchtlingsfrage arbeiten und kam dann mit vielen Informationen wieder. Ich hatte nun die Wahl: Entweder würde ich bis August nach Italien abgeschoben werden oder ich könnte einen Rechtsanwalt, der sich für Asylfragen spezialisiert hat, zu Rate ziehen. Ich musste nicht lange überlegen. Nur zu gut hatte ich noch mein Leben in Italien außerhalb der Lager vor Augen. Nein! So menschenunwürdig konnte ich nicht mehr leben! Da Fristen einzuhalten waren, wurde schon für die nächsten Tage ein Termin bei einem Anwalt vereinbart. Beklommenheit bei uns beiden. Stumm fuhren wir zusammen nach Ulm, diese Frau und ich. Ich war innerlich sehr angespannt. Wer würde mir gegenüber sitzen? Wem sollte ich mich rechtlich anvertrauen? Wird das Gespräch von Erfolg gekrönt sein?

Ein schlanker Herr begrüßte mich freundlich und begann die Unterredung in englisch. Nun wich die Anspannung, ich wurde etwas zuversichtlicher. Ich bekam im Laufe des Gesprächs den Eindruck, dass dieser Rechtsanwalt seine Arbeit macht, sachlich korrekt. Dann aber spürte ich auch, dass er sehr beeindruckt war von meiner so langen Fluchtdauer und dankbar meine Zusammenfassung annahm, die ich über meinen Aufenthalt in Italien geschrieben hatte. Ich fing an, innerlich abzuwägen: Kann dieser Rechtsanwalt mich vor der Abschiebung nach Italien bewahren? Zunächst erklärte er mir, dass ich sicher kein Asyl in Deutschland erhalten könnte. Aber vielleicht könnte meine Abschiebung verschoben, hinausgezögert werden, zunächst einmal über den August hinaus. Immerhin könnte ich dann in Deutschland geduldet werden. Aber wie lange? Diese Tatsachen nahm ich gefasst hin, ich hatte dennoch die Hoffnung, nicht in den nächsten Monaten Deutschland verlassen zu müssen. Somit gab ich ihm meine Vollmacht. Er reichte in meinem Namen Klage ein gegen die Bundesrepublik Deutschland. Wollte ich das? Dieses Land hatte mich aufgenommen, sich um mich gekümmert. Ich lernte dessen Sprache, hatte viele Freunde gefunden, wollte mich integrieren. Und jetzt musste ich gegen genau dieses Land klagen, gerichtlich vorgehen! Ich verstand die ganze Politik, die europäische Politik nicht! All diese Widersprüche! Aber ich war bereit, nach einer Anzahlung von 100 € die weiteren Anwaltskosten in 50 € - Raten monatlich abzuzahlen.

An der Donau sitzend schaute ich den Schwänen zu, die zu mir her schwammen. Ja, die Vögel können über alle Grenzen hinweg fliegen, frei sein, ihre Landestelle aussuchen nach Kriterien wie Klima, Futterangebot und Paarungsmöglichkeit. Ich aber musste aus meinem Heimatland Gambia flüchten und konnte auf meiner über vier Jahre dauernden Flucht kein Zuhause finden. Dabei bin ich doch nur auf der Suche nach Frieden und Geborgenheit!

Nachwort

Ich danke Lamin für seine Offenheit und die unzähligen Gespräche, die ich im Jahr 2015 mit ihm führte, die die Tiefen seiner Seele erreichten.

Und ich hoffe, dass er dadurch vieles verarbeiten konnte, einigermaßen Frieden findet. Möge ihm unser friedliches, beschauliches Giengen eine neue Heimat sein. Zu gern würde er hier arbeiten, weiter die deutsche Sprache erlernen und ein selbstständiges Leben führen.

Ingrid Meiler

Fluchtweg

1 Banjul (Gambia)

2 Dakar (Senegal)

3 Bamako (Mali)

4 Ouagadougou (Burkina Faso)

5 Niamey (Niger)

6 Agadez (Niger)

7 Tripolis (Libyen)

8 Lampedusa (Italien)

9 Palermo (Italien)

10 Mineo/Catania (Italien)

11 Rom (Italien)

12 Giengen (Deutschland)

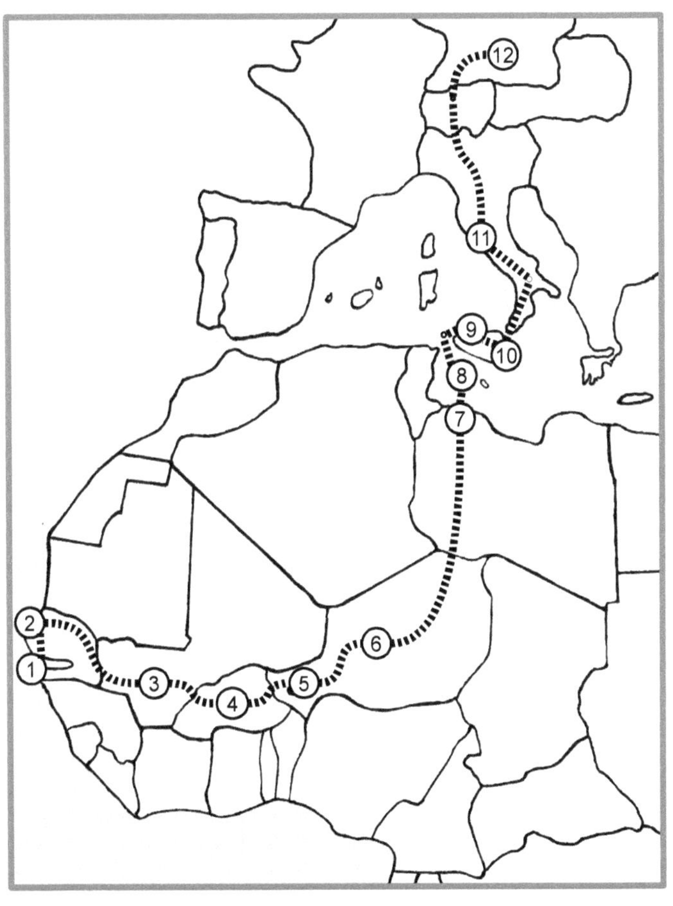

<u>**Dank**</u>

Ich danke meinem Bruder Volkmar für die Gestaltung des Covers. Er half mir auch bei der technischen Umsetzung dieses Buches.

Ingrid Meiler